N° 66

ESQUISSES DE VOYAGES

ESQUISSES

DE

VOYAGES

1862—1863

ÉGYPTE & NUBIE

L'ISTHME DE SUEZ — LE CAIRE — LE NIL

PALESTINE & SYRIE, CONSTANTINOPLE

JÉRUSALEM — JÉRUSALEM & SES ENVIRONS — DAMAS — CONSTANTINOPLE

VENISE

Par Mme la Marquise de L......

METZ

TYPOGRAPHIE ROUSSEAU-PALLEZ, ÉDITEUR

RUE DES CLERCS, 14

—

1866

PREMIÈRE PARTIE

ÉGYPTE ET NUBIE

I

L'ISTHME DE SUEZ

Dans la pensée du Créateur, la femme semble plutôt destinée aux joies intimes du foyer qu'aux émotions des voyages lointains. Partant de là, ces messieurs nous condamnent généralement au coin du feu ; ils cherchent, il est vrai, à dorer notre cage et vont parfois jusqu'à dire que nous l'embellissons. Moi, j'ai plus d'ambition encore, j'aspire à ma place au soleil, et même depuis longtemps je rêve en secret à l'Orient, ce vieux monde de qui le nôtre tout reçu : berceau du genre humain, terre mystérieuse qui devait enfanter le Sauveur. Une occasion s'étant offerte de réaliser ce vœu, je la saisis avec empressement. Nous sommes huit, mus par le même désir, d'âges différents, mais tous pris dans ma famille : père, mère, mari, frère, cousins dont l'un est le Nestor de la bande, toutefois Nestor capable de tenir tête aux plus agiles. Un neuvième compagnon, un ami, viendra plus tard compléter notre caravane. On ne peut, tout en faisant acte d'émancipation, s'entourer de tuteurs plus nombreux et mieux autorisés.

28 Septembre 1862. — Enfin nous voici à bord du *Jourdain!* Il est deux heures, on lève l'ancre, nous partons, et je ne puis croire encore à la réalisation de ce voyage tant souhaité.

Le mouvement et l'animation du port, le pèlerinage de Notre-Dame de la Garde qui domine et protége Marseille, voilà les deux derniers souvenirs que nous emportons de France. Mais bientôt nous perdons la ville de vue, les côtes disparaissent à leur tour; puis un beau clair de lune vient, le soir, illuminer un ciel superbe et se faire admirer des pauvres éprouvés d'une mer très calme cependant.

1er Octobre. — On nous promet Malte dès le matin, et nous la cherchons vainement à l'horizon, un jeune franciscain surtout qui, sous l'humble nom du père Bienvenu, cache la noblesse de son glorieux ancêtre, le grand-maître Villiers de l'Ile-Adam. Nous arrivons à minuit et pour quelques heures seulement. Vue ainsi par une belle et chaude nuit, Malte a quelque chose de fantastique : son vaste escalier de pierre s'enfonce sous les fortifications, ses rues sont pavées de larges dalles, ses hautes maisons blanches sont sculptées et ornées de balcons couverts, vraies dentelles de pierre dont l'ombre se projette discrètement sur les murs, tandis que quelques femmes attardées se laissent vaguement soupçonner sous leurs voiles.

Transition entre l'Occident et l'Orient, cette ville aux souvenirs héroïques, ainsi devinée plutôt qu'entrevue dans le silence et l'ombre, nous laisse comme impression le regret de ne pouvoir la connaître davantage. Mais la vapeur est impitoyable.

La mer s'émeut bientôt, et j'en pâtis, les jours suivants, malgré les soins du contre-maître, joyeux loup de mer corse, qui prend sous sa protection spéciale la *Giovinetta*.

6 Octobre. — L'aube nous révèle Alexandrie, son port

et ses blancs minarets. Nous approchons : aussitôt une nuée de barques légères, dirigées par des hommes aux traits durs, aux costumes et au parler bizarres, entourent le bâtiment, l'assaillent, et leurs fantasques équipages l'escaladent de toutes parts avec l'agilité d'une troupe de singes. Nous voici au milieu d'une confusion inexprimable, redoublée par les cris et les gestes de ceux qui se débattent contre ces trop obligeants portefaix. Enfin nous abordons, nous passons rapidement par les formalités de la douane, et nous nous lançons parmi cette population composée d'éléments si hétérogènes.

Le premier pas sur la terre étrangère, au milieu d'indifférents et d'inconnus, a quelque chose qui serre le cœur : on se sent seul dans la foule, et la pensée se reporte plus vivement vers ceux que l'on a quittés. Se souvenir, n'est-ce pas aussi regretter?

Pourtant si Alexandrie n'est plus l'Europe, ce n'est pas encore tout à fait l'Orient. Ville essentiellement mercantile, toutes les nations s'y sont donné rendez-vous : la civilisation l'a envahie sans la pénétrer. Sa grande place des Consuls, d'un style quasi italien, est un contre-sens ; les toilettes parisiennes, frôlant les costumes arabes, en sont un autre, et ce mélange qui frappe à chaque pas ôte beaucoup de son prestige à l'antique cité.

Le comte Sala, l'*alter ego* de M. de Lesseps, nous en fait les honneurs avec une obligeance extrême. La colonne de Pompée, bloc de granit rose de trente mètres de haut, surmonté d'un chapiteau inachevé d'ordre corinthien, le tout posé tellement en équilibre sur un piédestal brut qu'on ne comprend pas qu'il s'y puisse maintenir; les aiguilles de Cléopâtre renversées et à demi enfouies dans le sable ; le fort Crétin presque ruiné; les jardins de Moharem-Bey, dont la fraîcheur, la verdure et les fleurs contrastent avec l'aridité qui l'entoure, telles sont les principales curiosités d'Alexandrie en y ajoutant ce qui, pour nous, a l'attrait de la nouveauté, les longues files de chameaux chargés ou montés, à la démarche lente et triste, à l'œil mélancolique, au cri plaintif. Nous ne sommes guère moins surpris de la gravité des Arabes perchés sur des ânes richement harnachés, montures fort à la mode dans le sport oriental.

8 Octobre. — L'isthme de Suez, dont le percement occupe le monde entier, nous attire vivement et grâce aux soins du comte Sala, agent supérieur de la compagnie, et à ceux de tous les ingénieurs, ce sera la première et facile étape de ce long voyage. Un chemin de fer, ô anomalie!... nous emporte rapidement à travers les champs de riz, de maïs et de cotonniers du Delta. Des bouquets de palmiers surgissent de loin en loin, signalant des villages arabes, amas de tristes et sales huttes de terre où végètent, pêle-mêle avec les poules, les chiens et les moutons, des enfants nus, des hommes déguenillés et des femmes voilées, le visage du moins, car la pudeur, paraît-il, a des exigences diverses selon les latitudes : il suffit de s'entendre.

Nous voyons les minarets d'El-Saft trancher un instant sur le ciel d'un bleu limpide, et nous arrivons à Samanoud, où nous devons échanger les wagons contre les élégantes barques du Nil, nommées *dahabiées*. Pendant qu'on prépare celle qui nous est destinée, nous nous promenons dans les rues étroites et tortueuses de cette ville, la première vraiment arabe que nous voyons ; et, il faut l'avouer, le cachet d'ineffable saleté qui y domine tempère tout d'abord notre enthousiasme. Nous visitons le bazar assez pauvrement fourni, riche seulement en cafés, où les Arabes indolents et désœuvrés passent une partie du jour en fumant leurs chiboucs aux longs tuyaux de laurier, aux petits fourneaux de terre rouge. Les maisons, quoique pauvres, sont toutes ornées de gracieux moucharabis aux fines découpures, aux charmants grillages, à l'abri desquels les recluses des harems peuvent voir sans être vues, selon les exigences des mœurs et de la jalousie orientales.

A six heures du soir nous nous embarquons. La lune ne tarde pas à paraître, le ciel est pur, scintillant d'étoiles ; l'atmosphère semble transparente, la nature est calme et silencieuse ; notre barque, avec sa grande voile triangulaire, vogue lentement sur ce fleuve majestueux, et cette première nuit du Nil, pleine de poésie et de rêverie, se glisse dans mes meilleurs et mes plus beaux souvenirs. A onze heures, nous arrivons à Mansourah, dont le nom fait vibrer tout cœur français. Prévenu, à notre insu, l'agent consulaire d'Espagne nous attend et sa réception, premier échantillon de l'hospitalité orientale, nous restera aussi gravée dans la mémoire comme curieux spécimen. Cet agent, d'origine arabe et ne comprenant d'autre idiome que le sien, nous fait introduire dans un grand salon dont les murs nus et les divans indigènes contrastent avec les meubles de style empire. Après les profonds saluts d'étiquette, on nous apporte pipes et café, et nous restons là, muets et immobiles, à fumer et nous regarder, lui avec la gravité de ce peuple toujours digne et sérieux, nous luttant tour à tour contre le rire et le sommeil. Au bout de deux heures, enfin, on nous conduit, à travers de longs détours, dans de vastes pièces où l'on nous abandonne à notre malheureux sort. Malheureux est bien dit : nous espérions nous reposer, mais nous ignorions encore les moustiques et les myriades de petits ennemis intimes qui doivent constituer une huitième plaie d'Égypte non classée jusqu'ici.

9 Octobre. — Dès le point du jour nous allons visiter la maison qui, d'après la tradition, servit de prison à saint Louis ; elle est restée ce qu'elle était, rien ne change en Orient, mais elle sert d'habitation à un arabe et n'offre, d'ailleurs, aucun trait particulier. Nous retournons au consulat où nous attend une nouvelle réception, complément de celle de la veille : au café s'adjoignent cette fois du lait de buffle et les pâtisseries du pays, affreux mélange de farine de dourah, de cassonade et de graisse de mouton.

Une femme paraît, car le consul est chrétien, elle est grand'mère, quoique âgée de moins de trente ans, et belle encore; ses yeux noirs sont doux et profonds, sa physionomie spirituelle; son costume nous laisse voir, outre ses attraits personnels, un curieux assemblage d'étoffes fanées, de diamants, de verroteries, de colifichets, le tout rehaussé de tatouages de henné. Elle nous présente ses petits-enfants, charmants garçons de six et sept ans, vifs et intelligents.

Nous nous embarquons enfin et Mansourah, avec ses six minarets et ses maisons bordées de jalousies, ne tarde pas à disparaître à l'horizon. Une promenade dans un bois de palmiers, d'orangers et de figuiers, le tombeau d'un Santon, abrité par un magnifique sycomore, auprès d'El-Chirbine, voilà ce qui remplit cette journée de navigation, au milieu d'une nature riche et fertile. Une seconde fois nous saluons le lever de la lune du haut de notre barque, et nous nous roulons dans nos manteaux.

10 Octobre. — A cinq heures du matin, le cri : Damiette! nous réveille. Ici encore il évoque un souvenir tout français, mais sans mélange de tristesse, comme à Mansourah. Ici également, comme partout, la sollicitude du comte Sala nous a devancés. Un cavas, sorte de garde d'honneur, nous attend sur la rive; un logement nous a été préparé et il nous y conduit, précédé de fanaux; ce sont des grilles en fer portées sur de longs bâtons et dans lesquelles brûlent des éclats de cèdres; leur usage s'est transmis de génération en génération, car les Égyptiens n'innovent en rien.

Nous visitons les immenses entrepôts de la Compagnie du canal, puis la mosquée Sanglante, jadis transformée en église par saint Louis, et rendue après lui à sa primitive destination. Une triple rangée de colonnes de porphyre, de granit ou de marbre précieux entoure la cour des ablutions. Une de ces colonnes, objet d'une vénération toute particulière, a donné son nom à la mosquée; c'est celle que la dévotion musulmane fait le vœu de lécher jusqu'à ce que l'empreinte de la langue s'y marque *sanglante*. Deux autres colonnes rapprochées l'une de l'autre sont une épreuve de sainteté : celui que sa taille empêche de passer entre elles, porte un sceau de réprobation, tandis que la femme enceinte qui parvient à franchir le défilé sans endommager son enfant, assure à celui-ci la protection d'Allah. Les bazars de Damiette, riches et animés, nous offrent néanmoins le spectacle dégoutant d'une des superstitions arabes les plus honteuses. Nous y rencontrons un homme échevelé, au regard hébété, d'une saleté repoussante, et dans une nudité absolue ; nous reculons avec effroi. C'est un saint, nous dit-on pour nous rassurer, un santon, c'est-à-dire un malheureux moitié exalté, moitié idiot, sur qui dès lors repose l'esprit d'Allah. A ce titre, il jouit de priviléges tellement illimités qu'ils s'étendent non-seulement sur tout objet à sa convenance, mais jusque sur les femmes mariées ou non ; le mari, s'il y en a un, loin de s'en formaliser, se trouve, paraît-il, très honoré de cette distinction.

Le soir, une fête religieuse nous procure la vue d'une procession à la lueur des fanaux : au bruit d'une musique vraiment infernale, des moines ou derviches hurleurs dansent et s'agitent avec des cris et des contorsions horribles. Leurs traits, illuminés des reflets rouges de la flamme, prennent une expression diabolique, et cette espèce de saturnale a quelque chose d'effrayant.

11 Octobre. — Nous quittons le Nil pour nous embarquer sur le lac Menzaléh, et donnant un dernier regard à Damiette, nous nous enfonçons sur ce beau lac couvert de pélicans, de flamands roses, d'ibis, d'une foule d'oiseaux au plumage varié, qui s'enfuient à notre approche, pendant que des myriades de petits poissons, attirés par le soleil, effrayés par les rames, se pressent, se poursuivent, s'élancent hors de l'eau, et quelquefois retombent sur les barques. Le lac Menzaléh, vaste lagune plus salée que la mer dont elle n'est séparée que par une étroite digue de sable, a très peu de profondeur, et pourtant parfois de grosses tempêtes, ici soulevant les vagues à de grandes hauteurs, là mettant le fond à découvert, y occasionnent des naufrages, ou du moins en rendent la navigation périlleuse. Le soir, nous arrivons à Port-Saïd, et y sommes accueillis avec les attentions empressées qui nous suivent partout.

12 Octobre (dimanche). — La messe nous réunit dans la chapelle provisoire des Franciscains, puis nous allons reconnaître ces lieux sortis du sable comme par enchantement, entre le lac Menzaléh et la Méditerranée. Ville de chalets suisses et de maisonnettes parisiennes, Port-Saïd, inachevée encore, semble vieille déjà, tant on a travaillé depuis sa fondation ; mais par elle-même, elle offre peu d'intérêt, comme toute cité naissante et privée de souvenirs, c'est-à-dire de ce qui lui donne la vie. La plage est superbe, nous y restons longtemps à regarder la mer dont on ne se fatigue jamais ; ces messieurs trouvent qu'ils mettent mieux le temps à profit en fusillant les bécassines qui arrivent en bandes nombreuses.

13 Octobre. — En quittant Port-Saïd, nous naviguons sur le canal commencé, creusé moitié dans le lac, moitié dans le désert. Cette journée nous montre le désert, spectacle triste, mais grand et imposant. Au soleil couchant, par un effet de mirage, l'océan de sable qui se déroule devant nous, nous apparaît comme un lac immense, pendant que se dessinent à l'horizon les montagnes de l'Arabie. Nous cherchons gîte au campement de Kantara, le plus aride qui puisse être, le plus désolé, le plus abandonné de Dieu et des hommes.

14 Octobre. — A une heure de Kantara se trouve le seuil d'El-Guisr, point culminant de l'isthme, et sur lequel, en ce moment, se concentrent tous les efforts. Vingt-cinq mille Arabes, contingent du vice-roi, et renouvelés tous les mois, s'agitent sur un même point, semblables à une fourmilière ; ils creusent le canal à 50 mètres de large, sur 10 de profondeur, accumulant les déblais sur la berge pour arrêter les tempêtes de sable soulevées par le simoun. Sur cette tranchée de 63 mètres de haut, bourdonne cette ruche humaine, travaillant d'une manière calme et régulière, sans querelles ni contestations, et pourtant l'ordre n'est maintenu que par la courbache de quelques cheiks qui répartissent les tâches et veillent à leur exécution. Près de là sera un lac, futur entrepôt du commerce et point de ralliement entre les deux mondes. Un chalet royal s'y élève et le domine, attristé aujourd'hui par les sables solitaires qui l'environnent, et destiné demain, par une merveilleuse métamorphose, à être encadré de verdure et animé par le mouvement du port de Timsah. Tout d'ailleurs, dans cette entreprise gigantesque, tient du prodige, et l'homme qui l'a conçue, semble doué du don de création. Port-Saïd, premier jalon planté dans le désert, est visible depuis dix-huit mois à peine ; El-Guisr, bâti d'hier, n'est destiné qu'à une existence éphémère, et Timsah, dont l'emplacement se trace aujourd'hui sur le sable, sera habité dans six mois. L'équipage qui nous conduit à cette ville projetée, complète la fantasmagorie : six chameaux, montés chacun d'un jeune chamelier au costume gracieux, sont attachés à un breck, tandis qu'un bédouin au profil superbe et sauvage se drape fièrement dans son manteau de poil de chameau, et tournant avec son dromadaire autour de l'attelage, en règle et active la marche.

15 Octobre.—Non loin de Timsah, nous saluons la vieille Egypte pharaonique à la vue d'un bloc de granit couvert d'hiéroglyphes et orné des statues de la Triade révérée du grand Ramsès. Ce monolithe a été récemment déblayé du sable qui le couvrait, et de nombreux fragments de briques et de poterie, gisant çà et là, font croire aux ruines d'une grande ville, celle peut-être de Sésostris, Héroopolis qui avait donné son nom au golfe de Suez. C'est à ce point de la plaine de Gessen, autrefois si fertile, que la tradition place la rencontre de Joseph et de Jacob ; mais rien ne constate la présence de ce souvenir biblique. Nous en sommes bientôt distraits par la vue de Tell-el-Kebir, qui apparaît dans les dernières teintes du crépuscule. C'est une charmante oasis semée dans le désert ; un joli palais vendu par le vice-roi à la Compagnie, se perd dans une touffe de fraîche verdure qui repose agréablement le regard après huit jours d'aridité.

16 Octobre. — Les Bédouins de l'Ouady de Koréïne réclament de nous une visite, et certes ils la méritent bien. La caravane se forme, qui à chameau, qui à cheval, qui à âne, et l'on galope dans la direction d'une forêt de vingt mille palmiers, où s'abritent les huttes des six mille Bédouins soumis au cheik de Koréïne. Nous arrivons rapidement. Les cabanes de terre battue et durcie au soleil se cachent sous les palmiers couverts de longs régimes de fruits jaunes et rouges ; quelques hauts champs de dourah, quelques acacias mimosas tout fleuris grandissent à l'ombre des dattiers, formant ensemble un tableau plein de charme. Le cheik nous attend, et pour nous faire honneur, il tient à nous offrir le pain et le sel. Il nous reçoit sous un vaste hangar circulaire, dont les palmiers font tous les frais : des tronçons de palmier brut supportent un toit de branches du même arbre ; les interstices sont garnis de terre pour former un mur extérieur, et la façade intérieure reste ouverte. C'est là que nous nous asseyons sur nos talons, et pour tromper une fort longue attente, le café, le sirop à la rose et les dattes fraîches circulent à la ronde. Le déjeuner paraît enfin : on se serre autour d'un immense plateau posé sur un escabeau et couvert de pilau, de mouton et de galettes de dourah qui tiennent lieu de pain, d'assiette et de serviette. Chacun porte la main au plat, usant de ses doigts le moins maladroitement qu'il peut ; cependant le chef, que la barbe blanche de mon père pénètre de respect, roule entre ses doigts noirs des boulettes artistement combinées

et les insinue galamment dans la bouche de l'infortuné
convive. Le même verre d'eau passe aussi de lèvres en
lèvres, ainsi le veut la fraternité arabe ; puis des ablutions,
à la ronde toujours, terminent ce repas plein de dégoût,
mais de caractère. Pas une femme ne paraît ; seuls, quelques
enfants circulent autour de nous, mais doucement et sans
bruit. Tout est grave chez les Arabes : rarement on voit un
enfant jouer, plus rarement un homme sourire.

17 Octobre. — Nous avons navigué toute la nuit sur le
canal d'eau douce qui coulera parallèlement à la rigole ma-
ritime. Le chemin de fer nous reprend à Zagazig, mais les
trains oublient de correspondre, et six mortelles et brûlantes
heures d'attente, dans l'insignifiante bourgade de Bena,
ajournent au soir notre arrivée au Caire. Les premières
nouvelles de France nous y attendaient. Oh! comme elles
terminent agréablement la journée! car ici la nuit arrive
presque sans crépuscule, et la lune ne prête pas toujours
sa clarté aux rues obscures de la grande ville. La promenade, une lanterne vénitienne à la main, par ordre de
la police, est médiocrement récréative ; le soleil couché, il
n'y a plus rien à voir ni à faire, et sans le souvenir des
absents, les soirées parfois seraient longues et tristes.

II

LE CAIRE

Le Caire, Masra selon les Arabes, présente l'assemblage
des costumes les plus variés et les plus curieux, sinon les
plus beaux; beaucoup viennent s'étaler sur l'Esbékyeh,
grande place plantée de beaux arbres, qui forme le centre
du quartier où les Européens sont tolérés. Les cafés en plein
vent, les chanteurs, les jongleurs, s'y donnent rendez-vous;
les voitures et les ânes y stationnent, les élégants y para-
dent; mais là vraiment n'est pas le Caire. C'est dans le
bazar qu'il faut le chercher, c'est là qu'on retrouve la ville
orientale avec tout son cachet. L'Égypte, tirant sa principale
richesse de son sol, fabrique peu. Elle échange. Le commerce de Damas et de Constantinople alimente ses bazars,
sauf pour les objets d'un usage journalier. Les marchands
s'y groupent selon leur spécialité dans un espace déterminé.
Les rues du bazar sont étroites en général, et les étages
avançant les uns sur les autres, les maisons paraissent se

rejoindre à leur faîte ; en outre, des nattes jetées d'une terrasse à l'autre, en tamisant le jour, interceptent le soleil, pendant que l'air est rafraîchi par des arrosages perpétuels qui se font à dos d'homme. Des outres immenses en peaux de bouc non préparées se rattachent par les jambes de l'animal sur la poitrine des arroseurs, et la tête coupée leur présente une ouverture par laquelle, à l'aide d'un peu de compression, ils lancent l'eau fort adroitement à droite et à gauche. Souvent aussi la piété d'un croyant a placé sur quelque carrefour une belle fontaine, vrai bijou en marbre blanc rehaussé de cuivres sculptés, dont l'eau limpide s'offre d'elle-même à la soif toujours dévorante de ce climat.

En dehors du Mouski, livré au commerce européen, il n'y a pas de boutiques, du moins dans le sens que nous attachons à ce mot. La vente se fait en pleine rue, les marchandises sont étalées dans des espèces d'armoires très vastes, à l'entrée desquelles les marchands se tiennent accroupis, sans paraître se soucier de vendre. Ils attendent ainsi l'amateur, le laissant regarder, demander, fureter même sans se déranger. La crainte de se fatiguer va, chez eux, jusqu'à l'hésitation d'entrer en pourparler ; d'ailleurs ils surfont d'une manière inouïe, et les marchés ne se concluent qu'à grand renfort de cris, de gestes, parfois de coups.

La courbache, cravache en nerf de rhinocéros, joue un rôle très actif en Égypte. Les séis ou coureurs qui précèdent les voitures, donnant aux équipages une allure fort aristocratique, se font faire place le bâton à la main ; le bâton seul écarte le fellah qui vous coudoie, le mendiant qui vous obsède de son cri répété : *bachich,* car ce mot est le refrain de toute bouche arabe. Enfin la courbache imprime le respect et protége ; elle est ici le premier et le dernier argument. Il est d'ailleurs à remarquer que les Égyptiens en reçoivent les atteintes avec une apathie, une

2

sorte d'indifférence physique et morale qui confond nos idées européennes.

Les fellahs, ou peuple de la Basse-Égypte, sont de couleur brune, et leur physionomie n'a pas le beau et mâle caractère des types bédouin et nubien. Tous marchent pieds nus, vêtus d'une longue tunique bleue, rattachée à la ceinture, et parfois d'un manteau rayé en poil de chameau : ils nomment ce vêtement national *abbaye*. Tous portent le grand fez à gland bleu, et beaucoup y ajoutent un turban artistement roulé : les Orientaux ont l'instinct des draperies et des poses gracieuses. Les Arabes riches et les Grecs — on reconnaît ceux-ci à leurs grands yeux noirs, doux et sympathiques — portent le fez plus petit et avec le flot noir ; ils ont des costumes élégants, brodés, de couleur claire, soit le gilet, la petite veste et le pantalon bouffant, soit la longue robe de soie rayée et la ceinture de riche étoffe. Les souliers ou babouches sont de maroquin rouge ou jaune et se terminent en pointes.

Les femmes du peuple portent aussi le sarreau de coton bleu, qui leur sert à la fois de robe et de chemise ; elles y ajoutent presque toujours un large pantalon semblable. Un voile de même étoffe flotte sur leur tête, et leur costume — sauf pour les marchandes de la dernière classe — est complété par une bande d'étoffe noire, rattachée au voile par un tube de cuivre qui s'appuie sur le nez. Leur figure est ainsi cachée, à l'exception des yeux ; bref, elles sont affreuses, mais elles semblent plus laides encore lors-u'elles montrent des traits tatoués, teints de henné, et vieillots presque au sortir de l'enfance. Le principe de coquetterie qui, je pense, leur inspire le soin de se voiler, devrait aussi leur faire changer la coupe de leurs robes étrangement ouvertes en avant. Les femmes des harems sont belles, dit-on, trop fortes seulement, ce qui est une beauté de plus aux yeux des Orientaux. Je n'ai pas pénétré dans leurs demeures. Dans la rue, elles s'enveloppent de longs voiles noirs ou blancs, et l'ampleur exagérée de leurs costumes leur donne une démarche traînante, extrêmement disgracieuse. Rarement on les rencontre à pied ; elles se huchent de préférence sur des ânes, vites et doux, sur lesquels elles ressemblent à d'informes paquets. Des enfants d'une douzaine d'années les suivent en courant ; ils acquièrent ainsi une allure rapide et soutenue jusqu'à faire dix lieues sans la quitter.

Les petits enfants sont, d'ordinaire, complétement nus ; en général, ils sont laids, et leurs membres grêles font d'autant mieux ressortir leurs ventres balonnés ; on y joint à dessein une malpropreté révoltante, mais calculée : propres et jolis, ils attireraient sur eux l'attention et peut-être quelque maléfice. Aussi le moindre compliment qu'on leur adresse fait-il trembler les mères.

Les femmes, en tant qu'épouses, sont, au pied de la lettre, la propriété de leurs maris qui ont sur elles droit de vie et de mort. Le Coran concède quatre femmes légitimes à ses adeptes, le nombre des esclaves n'est point limité, d'où il suit que les harems riches sont remplis, au lieu que les pauvres renferment rarement plus d'une femme qui est alors transformée en une sorte de bête de somme. Tandis que le mari chevauche paisiblement sur son âne, elle le suit à pied, chargée de lourds fardeaux, traînant ses enfants par la main et souvent portant le plus jeune pittoresquement placé sur l'épaule gauche. Ce sont les femmes qui broient le grain, qui préparent les *argoles,* combustible fait de fiente de chameaux, qui portent l'eau pour leur ménage, et qui entretiennent les canaux d'irrigation. Ces canaux sont alimentés par l'eau du Nil qu'y déversent les *sakiés,* système primitif de roues et de poteries retenues par des cordes en fil de palmier : des buffles les font tourner, et des enfants assis sur le moteur aiguillonnent l'attelage et subissent pendant des journées entières ce mouvement de rotation.

Le vendredi est le jour consacré par la religion musulmane. Ce jour-là on voit circuler dans les bazars, tantôt des cortéges de circoncision, escortant le jeune patient revêtu de ses plus beaux atours, et maintenu en équilibre sur un cheval blanc; tantôt des processions d'épousailles, où la pauvre mariée figure complétement voilée de rouge; des femmes la précèdent en poussant des gloussements singuliers, et la marche est fermée par des tambourins, des fifres et des danseurs qui, armés de longs bâtons, exécutent des pas et des gestes aussi vifs que bizarres. Le vendredi est aussi le jour des charmeurs de serpents, qui se promènent enlacés dans les anneaux de ces horribles bêtes. Enfin les derviches le choisissent pour se livrer à leurs exercices. Ce spectacle excite notre curiosité. Le chef des derviches tourneurs, après nous avoir reçus silencieusement, ce qui signifie avec honneur, nous introduit dans une salle circulaire, où déjà sont réunis une douzaine de moines, la plupart jeunes et l'un d'une figure charmante. A un signal du chef, un derviche, caché dans une tribune, entonne sur un ton grave et s'élevant insensiblement une sorte de cantilène lente et d'une harmonie triste qui fait songer aux lamentations de Jérémie. Bientôt s'y mêlent les accords aigres et criards d'une flûte de bambou et de deux tambourins. Alors les derviches dépouillent leurs manteaux, saluent profondément le chef en croisant devant lui les pieds et les mains, puis commencent leur tournoiement d'un mouvement vif et cadencé : leurs longues robes en augmentent l'effet en flottant autour d'eux. Ils étendent les bras, renversent la tête comme en proie à l'extase, tournent, tournent encore, longtemps et gracieusement jusqu'au moment où un cri fauve termine la cérémonie.

Les derviches hurleurs, au contraire, se balancent d'avant en arrière en poussant des grognements rauques et affreux. La mesure de leur musique discordante se précipite de plus en plus et accélère leurs mouvements; les clameurs sauvages redoublent, leurs longs cheveux tombent en désordre. Plusieurs, arrivés au paroxisme de l'exaltation, se roulent à terre, en proie à des attaques d'épilepsie..... et ce spectacle est un des plus saisissants et des plus horribles que l'on puisse imaginer.

Mais il est temps de visiter les beautés du Caire.

La citadelle qui le domine réclame une ascension matinale : c'est au soleil levant surtout qu'est splendide le vaste panorama qui s'étend à ses pieds. Au premier plan, la ville avec ses quatre cents minarets, ses toits en terrasse, et sa ceinture de palmiers et de jardins : un peu plus loin le Nil se déroule en majestueuses ondulations ; à gauche, les palais du vice-roi et des princes, les bosquets de Choubra, et entre deux plis de montagne les légers minarets des tombeaux des Califes ; à droite, l'immense aqueduc qui amène l'eau du Nil à la citadelle, le vieux Caire ou Fostât assis sur le fleuve ; enfin pour dernier horizon, le désert sans limites, irisé à cette heure par les chaudes teintes des premiers rayons du soleil, et au milieu de la lumière la grande silhouette des pyramides qui se profile en ombre. Tel est le magnifique spectacle que l'on trouve au sommet de la terrasse des Mamelouks, de sanglante mémoire. A cette distance, les ruines s'effacent ; les minarets seuls, riches et coquets, se détachent sur la masse, et l'effet général y gagne ; car, vue de près, la ville dans son état de délabrement laisse une impression de tristesse.

Les ruines se montrent partout en Orient, elles en paraissent un des traits les plus caractéristiques ; peut-être aussi trahissent-elles la décadence morale de ce peuple. On bâtit, on ne répare rien : tel palais qui date d'un siècle à peine, est vieux déjà. Par un contraste singulier, le temps qui donne ici aux vieux monuments une empreinte indélébile, frappe incessamment de sa main destructive les œuvres modernes. Les mosquées surtout sont là pour l'attester, celle de Méhémet-Ali par exemple. Bâtie dans la citadelle et la plus riche du Caire, elle est entourée de ruines ; elle-même n'a pas été achevée. Les décorations intérieures, de mauvais goût peut-être, y sont d'une richesse incomparable de marbres et de dorures ; mais l'extérieur qui devait être complétement revêtu d'albâtre oriental, n'a pas été fini, et une partie des dalles gisent oubliées dans le sable. La mort a surpris Méhémet-Ali au milieu de son œuvre, et Abbas-Pacha n'a eu garde de l'achever. C'est de droit en Égypte : un vice-roi n'a qu'une pensée, effacer le souvenir de ses devanciers et consacrer la mémoire de son passage par des monuments, dussent-ils disparaître à leur tour sous ses successeurs.

Auprès de cette mosquée se trouve le palais du vice-roi, vaste caserne sans architecture, et dont les ornements intérieurs offrent un spécimen de cette richesse de mauvais aloi et de clinquant que déploient les Orientaux dans leur triste contrefaçon du luxe européen. Une nation doit rester elle-même dans ses œuvres : à ce titre, les bains maures en marbre blanc, dans lesquels le jour tombe de la voûte à travers des verres peints, conservent seuls dans ce palais une couleur locale, mystérieuse et charmante.

L'enceinte de la citadelle renferme aussi le puits de Joseph ; il a été creusé par Saladin, en dépit de la croyance populaire qui en rend honneur au patriarche. C'est un ouvrage fort curieux, de quatre-vingt-quinze mètres de profondeur, et dont la pente est taillée si douce que des bœufs y peuvent descendre pour faire tourner la roue qui puise l'eau dans l'aqueduc.

Toutes les mosquées se ressemblent intérieurement, toutes sont construites sur le même plan, toutes ont une cour d'ablutions et un riche *mirab* ou chaire à prêcher. Au dedans, elles sont revêtues de marbres et de sculptures ; au dehors, elles sont peintes en bandes rouges et blanches. Les minarets seuls varient et rivalisent entre eux de légèreté, de hauteur et de richesse dans leurs décorations.

Parmi les mosquées, la plus belle et la mieux conservée
est celle du sultan Hassan, bâtie sur la place Roméilch,
au pied de la citadelle. La plus ancienne est celle des mille
colonnes ou d'Amrou, elle n'a pu échapper à la loi géné-
rale de destruction. Cependant ses quatre murailles subsistent
toujours, et sur un côté se profile, dans une longueur de
quatre-vingts mètres, une sextuple rangée de colonnes
de marbre à chapiteaux sculptés. La mosquée de Touloun,
servant aujourd'hui de refuge aux mendiants, proclame
aussi sa beauté à travers ses ruines : immense carré à ciel
ouvert, ses murs sont terminés par une galerie de pierres
bizarrement sculptées. Le centre de l'enceinte est occupé
par une grosse tour surmontée d'un dôme ; de trois côtés,
un double rang de colonnes s'alignent comme dans un
vaste cloître, et le quatrième, qui est véritablement le lieu
de la prière, est formé de quatre nefs éclairées par d'étroites
fenêtres ogivales aux fines sculptures.

Une mosquée est consacrée à la sépulture de la famille
de Méhémet-Ali ; mais, hormis la tombe d'Ibrahim-Pacha,
ces monuments bariolés n'ont pas l'expression sévère que
demande la pensée de la mort. Les tombeaux des Mamelouks,
situés à l'entrée du désert, au pied du Mokatam, inspirent
plus d'intérêt ; cette vaste nécropole recèle des détails de
sculpture d'une richesse et d'un fini extrêmes. Dans le désert
aussi, mais du côté opposé du Caire, se dessinent sur le
ciel bleu les coupoles et les minarets sveltes et gracieux
du tombeau des califes. Mais, hélas ! les mosquées qui
renferment ces tombes s'en vont en ruines avec leurs mosaïques et leurs marbres si richement sculptés. S'il ne faut
pas les regarder de trop près, vues à distance elles se
groupent d'une manière heureuse.

Le quartier cophte — où quelques femmes belles et curieuses entr'ouvrent les rideaux de leurs moucharabis pour
nous regarder et se faire regarder — possède un sanctuaire
dédié à saint Georges et vénéré des Musulmans eux-mêmes.

Sous la chapelle se cache une grotte, refuge momentané de la Vierge sainte et du divin Enfant, affirme la tradition. Ce quartier est renfermé dans une enceinte de hautes murailles, d'origine romaine ; il est situé près du vieux Caire, une seule porte flanquée de tours y donne accès. Un bras du Nil le sépare de l'île de Rondah, où se trouvent les jardins et le palais d'Ibrahim-Bey, jeune prince de huit ans, maladif et timide : dans les jardins est renfermé le nilomètre servant à marquer chaque année la crue des eaux ; le palais est jeté pittoresquement sur le fleuve qui l'entoure de trois côtés. Un orage, véritable phénomène dans cette région, nous y procure un spectacle superbe. Le ciel s'empourpre, la terre revêt des teintes rouges d'une chaleur indescriptible, le Nil les reflète, les yeux sont émerveillés. C'est alors qu'on sent combien, en Orient, la vie est dans les couleurs, et qu'on est tenté de briser des crayons inhabiles à reproduire ce ciel ardent et privilégié.

En revenant au Caire par les jardins d'Ibrahim-Pacha, que côtoie le Nil, on admire un de ses plus jolis palais, un peu surchargé peut-être de peintures et d'ornements. La caserne des soldats de la garde y est contiguë. Rien de coquet et d'élégant comme le costume de ces soldats. Ils portent la jupe blanche des Albanais ; une large ceinture aux couleurs éclatantes, en retient les plis amples et gracieux ; leur veste est brodée, brodées aussi leurs guêtres en cuir jaune ; puis et surtout presque tous ces hommes ont de beaux types et relèvent fièrement leurs moustaches noires. Ces casernes sont près du port de Boulak, avec une belle vue sur le Nil, animé en cet endroit par les évolutions continues des dahabiées plus vulgairement appelées canges.

Plus loin, en suivant encore le Nil, on trouve Choubra, à l'extrémité d'une belle avenue de sycomores et d'acacias. Ces jardins magiques, créés par Méhémet-Ali, bien dessinés, soigneusement entretenus, sont un immense massif de fleurs, dont l'air est au loin embaumé. Au sein d'un

bouquet de citronniers et de lauriers-roses, se cache discrètement un pavillon sorti sans doute par enchantement de la
baguette de quelque Aladin moderne. Un vaste bassin de
marbre blanc, avec un îlot de même matière, en occupe le
centre ; tout autour règne une galerie soutenue par des
colonnes aussi de marbre blanc, et les quatre angles sont
formés par des salons d'une richesse inouïe. Créée pour les
houris de quelque harem, qui viennent s'y ébattre le soir,
cette féerie des mille et une nuits surprend, charme, mais
échappe à la description.

L'habitude a consacré l'usage d'une excursion dans le
désert qui avoisine le Caire ; la forêt pétrifiée en est le but.
L'imagination travaille, excitée par un nom aussi pompeux,
et l'illusion tombe à plat devant un sol jonché de bois de-
venus pierre. Ce phénomène inexpliqué est bizarre, mais
on avait rêvé mieux ou plus. Je préfère la course aux ruines
d'Héliopolis, maintenant appelée Maturich : un obélisque de
granit rose s'y dresse seul encore, et déjà à moitié enfoui
dans le sable ; mais la promenade par une route ombragée
et variée est des plus jolies. Quelques étangs, suite de l'i-
nondation actuelle, la coupent en ce moment et alimentent
la gaieté par les incidents des gués à franchir. Chemin
faisant, nous payons un tribut de pieuse admiration à un
sycomore de sept mètres quatre-vingts de tour ; la tradition
place sous son ombre un des repos de la sainte Famille dans
sa fuite en Egypte.

Il n'y a plus de distances avec les chemins de fer, et
grâce à la vapeur, nous allons saluer la mer Rouge. Le
désert qui nous en sépare est rapidement traversé, mais
Suez en lui-même n'offre encore que peu d'intérêt, sa plage
est belle pourtant. De hautes montagnes de granit et de
sable rouge comme du corail, se découpent hardiment sur
l'horizon ; elles dominent le rivage, et les derniers rayons
du soleil unissent le ciel et la mer dans des teintes rosées
d'une harmonie parfaite.

Tandis que nous apprenons à aimer le Caire, le départ s'apprête; il faut aller, aller encore, mais nous y reviendrons. Les préparatifs sont faits, les canges louées. L'*Anna-Marie* et le *Basset,* que nous devons habiter trois mois, sont longues et étroites; une quinzaine de matelots gouvernés par un reis ou capitaine, en composent l'équipage. Pavoisées de nos drapeaux, elles ont tout à fait bon air. La distribution intérieure de ces maisons flottantes est commode: un grand salon commun, et à chacun une cabine un peu exiguë, mais suffisante. La forme des barques est svelte et gracieuse, mais cet avantage se paie d'un danger: les voiles, hors de toute proportion, amèneraient de fréquents naufrages si on leur laissait toujours prendre le vent; aussi ne les déploie-t-on qu'à la montée, lorsqu'un peu d'air permet de lutter contre le courant et dispense l'équipage patient, actif, frugal et joyeux toujours, de la pénible obligation du halage. A la descente, on démonte la grand'vergue et on se laisse en quelque sorte aller à la dérive, opposant souvent le travers au courant, quelquefois même le gouvernail en avant.

III

LE NIL

2 Novembre. — Nous nous embarquons par une belle soirée que la lune illumine de nouveau, et le vent favorise d'abord notre navigation. Le fleuve est immense, calme, majestueux. Ses rives présentent l'image de la vie étroitement unie à la mort ; en effet, elles offrent sans cesse le contraste de la végétation la plus riche et la plus luxuriante dans une zône de quelques centaines de mètres à peine, et du désert qui reparaît au-delà et s'étend à perte de vue. Des bouquets de palmiers abritent de gros villages très peuplés, de petits bois de mimosas aux fleurs odorantes ombragent la rive ; elle est animée par d'innombrables machines qui montent l'eau dans les canaux d'irrigation. Ce sont, aux environs du Caire, des *sakiés* ou roues à chapelet, déjà décrites, et, en se rapprochant de la Nubie, des *chadoufs* ou bascules à contre-poids : des hommes presque noirs et à peu près nus les font mouvoir avec agilité, pendant que des enfants courent sur le sable en gardant des troupeaux de buffles.

La chaîne arabique dresse sa silhouette imposante à l'horizon. Parfois un anneau du Nil le rapproche des montagnes, alors la plage devient une falaise élevée aux formes abruptes ; des grottes sont creusées dans le rocher, quelques villages se dessinent à leur sommet. Un couvent cophte apparaît, celui de Deïr-el-Adra, dont les moines, aussitôt qu'ils aperçoivent une barque, se laissent glisser par une corde jusqu'au Nil, le traversent à la nage et viennent, vêtus de leur humilité et de leur titre de chrétien, réclamer l'assistance des touristes ébahis.

Les soirées sont idéales, les chants des matelots contribuent à les égayer ; les nuits sont belles, les journées s'écoulent douces et rapides. J'admire le paysage varié, tout en me laissant aller à ce *far niente* auquel invitent le climat brûlant, le ciel diaphane et cet air si pur où il semble qu'on se sente vivre avec plus de délices.

7 Novembre. — Nous arrivons à Syout à la fin du jour. Le Nil encore débordé envahit la campagne jusqu'aux portes de la ville ; une belle chaussée ombragée nous y conduit. Les reflets ardents du soleil couchant, suivis de vapeurs transparentes, puis les nuances irisées de la lune enveloppent tour à tour ce paysage au charme duquel rien ne fait défaut. Des lacs qui vont disparaître et semblent nous avoir attendus, des bouquets de palmiers, de minosas et de sycomores, les minarets gracieux de cette ville coquette et blanche, tout cela noyé dans des teintes lumineuses, quoiqu'indécises, forme un de ces tableaux féeriques particuliers au ciel de l'Orient.

13 Novembre. — Nous faisons une première visite à Kénéh que nous abordons en canot. Les almées, exilées du Caire, reléguées dans la Haute-Égypte, s'y montrent à nous pour la première fois. Mais qu'elles sont loin de l'idéal préconçu, en dépit de leurs costumes voyants, pailletés d'or,

brodés de sequins, de leurs bijoux entremêlés de verroteries, et même des tatouages de henné dont elles décorent
leurs figures, leurs bras et leurs poitrines !

Le Nil continue à creuser son lit dans la vallée qui sépare
les deux chaînes arabique et lybique. La chaleur augmente,
nous atteignons graduellement 36 degrés centigrades. Aussi,
bien que déjà quelques crocodiles soient venus nous dire de
prendre garde, et que les eaux du Nil, jaunes et bourbeuses,
éveillent peu d'attrait, nous nous y plongeons avec délices,
appuyés en nageant, moi du moins, sur l'épaule d'un beau
Nubien très fier de mon choix et de l'heureux contraste
de nos nuances ainsi rapprochées. A partir de ce jour,
Hamet Abougama devint le compagnon fidèle de mes pas,
les soutenant, les protégeant, les défendant même au besoin.
Rien n'est amusant, je voudrais oser dire touchant, comme
sa sollicitude et son dévouement, accompagnés de son bon
et franc sourire, et de l'expression de son œil gauche,
pendant qu'il ferme le droit pour concentrer sans doute
dans l'autre toute l'éloquence de son regard.

17 Novembre — Après un brusque détour du fleuve, les
ruines de Karnak dessinent subitement leurs masses impo-
santes sur la rive droite du Nil. Nous sommes à Thèbes !
Mais nous ne nous arrêtons pas, Thèbes ne sera visitée
qu'au retour.

18 Novembre. — Nous suspendons notre course un instant à Esneh, car l'équipage manque de pain, et tandis
qu'il se ravitaille nous visitons le temple récemment déblayé et bien conservé qui y dresse sa quadruple rangée
de colonnes monolithes, chargées d'hiéroglyphes et sur-
montées de chapiteaux richement sculptés. C'est le premier
monument géant que nous voyons. La ville, d'ailleurs, est
pauvre et misérable, et ses almées ne l'embellissent pas ;
pourtant une d'elles, vêtue de blanc, est bien agaçante....
Mais, chut ! paix aux souvenirs.

A la porte d'Esneh, se trouvent de jolis jardins plantés

de jasmins, d'orangers et de palmiers, mais négligés depuis la mort de Mustapha-Pacha. A l'entrée, se tient, reployé sur lui-même, un santon vénéré, nu, sale, bronzé, ayant à peine l'apparence humaine, et offrant l'image repoussante de la plus complète décrépitude. Les musulmans le vont baiser avec le plus grand respect ; un pari est sur le point de m'y envoyer aussi, mais Charles s'y oppose pour prouver que les maris sont bons à quelque chose. Nous allons à une lieue de là reconnaître les ruines d'un couvent cophte, dont les cellules voûtées renferment les tombes des martyrs de la persécution de Dioclétien. Le chemin tracé dans des champs de pastèques et dans des bois de mimosas, se laisse suivre avec plaisir ; il emprunte en outre beaucoup de piquant au passage d'un bras de rivière qu'il faut traverser sur un radeau d'une simplicité toute primitive ; nous en bravons gaîment les chances périlleuses, tandis que nos âmes opposent une résistance héroïque au bain qu'on leur inflige.

A partir d'Esneh, les rives se resserrent, la végétation est plus rare, et de beaux vestiges des temps pharaoniques se révèlent souvent au milieu de bois de palmiers touffus, dans lesquels les doums se mêlent aux dattiers.

22 Novembre. — L'arrivée à Assouan est grandiose. Son port est encadré entre les débris d'un nilomètre et d'immenses rochers ; de beaux palmiers abritent ses maisons coquettement nichées dans les anfractuosités du roc. Des tronçons de colonnes en granit rose gisent à terre sous les arbres ; ici encore il faudrait répéter les splendeurs d'un coucher de soleil. Comment s'en distraire, pour parler des almées surtout, plus hardies là qu'ailleurs, et plus horriblement sales aussi ? Leurs robes éclatantes et brodées de pièces d'or s'ouvrent sur la poitrine ; elles portent des colliers riches mais sans goût, leurs jambes comme leurs bras sont ornés d'anneaux qu'elles font sonner en marchant ; leurs cheveux, nattés avec des lanières de cuir bariolées de pièces de monnaie, s'échappent de leurs fez garnis de sequins et de plaques d'or. Ainsi accoutrées, elles nous donnent un bal à bord : leurs ornements les gênent, elles ne tardent pas à s'en débarasser et même un peu trop. Puis elles dansent, et quelles danses ! un frétillement accéléré et incroyable des hanches, accompagné de contorsions et de grimaces. Elles ont eu leurs avocats cependant parmi les touristes ! A beau mentir qui vient de loin, à moins qu'elles n'aient terriblement dégénéré de leur ancien renom.

Assouan est situé précisément sous le tropique, ce qui nous vaut sans doute une température portée à plus de 50 degrés. Auprès de cette ville, connue jadis sous le nom de Syène, se trouvent les célèbres carrières qui ont fourni la plupart des obélisques ; l'un d'eux y gît encore, abandonné et inachevé. Cette plaine est semée aussi de débris de boulets de granit vert, restés là près de nombreuses tombes pour attester la victoire de Davoust sur les Mamelouks en 1799.

En face d'Assouan est l'ile d'Éléphantine qui n'offre plus à la curiosité que quelques informes débris des monuments de sa splendeur passée. En revanche, l'horizon s'y déroule magnifique sur la première cataracte dont il laisse mesurer les difficultés.

23 Novembre. — D'innombrables masses de granit surgissent dans le Nil ; polies et battues par les flots, elles semblent du plus beau marbre noir, et sèment son lit de courants, de gouffres et de tourbillons. Quelques mimosas, comme une lueur d'espérance dans la tempête, cramponnent leurs racines dans les crevasses du roc ; autour d'eux, le fleuve s'étend sur un espace immense, se tord, écume et se brise contre les écueils. Il n'y a pas de chute réelle pourtant, car la différence de niveau n'est que de neuf mètres sur une longueur d'environ cinq kilomètres ; mais le nom de cataracte a été attribué à une série de rapides dangereux. Les franchir puise un intérêt de plus

dans le mystérieux attrait du péril. Dès la première heure,
en effet, les amarres de l'*Anna-Marie* se rompent, et le
courant l'entraîne d'une course folle sur son émule : un
choc paraît imminent, et le résultat certain sera la perte
des deux canges. La vie reste comme suspendue dans l'attente pendant quelques secondes, mais les hardis pilotes,
d'un coup de barre adroit, se jettent sur les écueils, et,
si les quilles des barques sont défoncées, nous sommes
sauvés. On gagne la côte à grand'peine, et pendant qu'on
répare les avaries, nous nous amusons des ébats aqua-
tiques de jeunes Nubiens venus d'un village voisin, Malaka
je crois. Ils se lancent à l'eau, couchés ou assis sur des
troncs de palmiers, s'aidant de leurs mains en guise d'avi-
rons, et descendent ainsi les courants les plus rapides. Un
Anglais a voulu en tenter la fortune avec eux, huit jours
après on retrouvait son corps sur le rivage.

29 Novembre. — Après cinq jours d'efforts continus, de
chances diverses et d'émotions variées, cette dangereuse
barre de récifs de 1200 mètres de long est enfin franchie.
Plusieurs centaines de Nubiens ont été mis en réquisition,
s'attelant aux canges, se ruant sur elles en hurlant, tom-
bant, se relevant, soulevant les barques, les entraînant, et
formant, dans cette lutte énergique, un des spectacles les
plus curieux et les plus pittoresques qu'une imagination
puisse rêver. Tous ces hommes quasi nus, sont d'un brun
touchant au noir; ils n'y joignent pas le type nègre, au
contraire, ils sont généralement beaux et très bien faits.
Les femmes, grandes, sveltes, à la tournure agile, ont des
pieds et des mains d'une finesse et d'une beauté remar-
quables; il en est beaucoup de très jolies, quoiqu'elles fassent
grossir leurs traits par un tatouage compliqué. Leurs coif-
fures sont une agglomération de petites nattes multipliées à
l'infini; des ornements sans nombre surchargent leurs bras
et leurs cous, leurs nez comme leurs oreilles sont ornés de
pendants et d'anneaux. Par malheur, toute cette population

exhale horriblement l'odeur du beurre rance qui lui sert de cosmétique et de parfum. Les enfants, minces, lestes, vifs, au beau regard intelligent, nous entourent sans défiance et nous examinent avec un naïf étonnement; leur costume ne les embarrasse pas plus moralement que physiquement. Les jeunes gens sont vêtus de leur couleur bronzée, les petites filles y ajoutent un collier et une ceinture en lannières de cuir ornées de coquillages; elles n'y substituent le sarrau qu'à partir du jour où elles se marient, ce qui pour beaucoup signifie huit ou neuf ans. Rien ne paraît plus singulier que de voir ces enfants déjà mères porter leur premier né à cheval sur la hanche gauche, tandis que de la main droite elles soutiennent sur leur tête une urne en terre, de forme antique, ou un de ces paniers en bois de palmier tressé dont elles ont le secret.

L'Égypte, je l'ai déjà dit, est le pays des contrastes : celui qu'offre, au sortir des rochers arides de la cataracte, l'aspect gracieux de l'île de Philœ, est ravissant. Après un brusque détour, le Nil, resserré jusque-là entre des masses de granit, s'élargit et se calme; ses rives se couvrent de palmiers et de sycomores; au centre de ce paysage tranquille et frais, l'île de Philœ semble mirer dans un vaste lac ses belles ruines mariées à la verdure. Trois temples y dressent leurs colonnades debout encore, mêlant les souvenirs des empereurs romains à ceux des Ptolémées. Une longue chaussée se termine par un petit obélisque, et là quatre immenses pylônes offrent leurs hiéroglyphes à la curiosité des savants, et l'ascension de leurs terrasses à l'intrépidité des touristes qui y grimpent par des escaliers taillés dans l'épaisseur des murs.

En face de cette oasis, les fransciscains ont fondé un collége sans parvenir à civiliser ni convertir ces enfants de la nature.

En Nubie, les hommes sont toujours armés ; tous portent au moins un poignard suspendu au bras gauche, beaucoup y joignent la lance et le bouclier en peau de rhinocéros ou de crocodile. Là aussi nous retrouvons l'usage de la fronde employée, sinon comme arme de combat, du moins à la protection de l'agriculture. Le dourah, cette céréale dont la végétation fabuleuse fait songer à Gulliver se perdant dans les blés des géants, le dourah touche à sa maturité, et des enfants perchés sur des tours en terre dure lancent de la boue avec des frondes aux nuées de petits oiseaux qui s'abattent sur les champs.

Après Philœ, les rives se rapprochent de nouveau, et le Nil coule entre de hautes montagnes de granit. Une étroite zône de verdure se dessine aux pieds des rochers, quelques bouquets de palmiers y naissent et balancent leurs cimes au-dessus des hameaux. Ces villages n'ont pas l'air misérable de ceux de la Basse-Égypte. Gracieusement arrondies et suspendues aux rochers, les maisons semblent des nids d'hirondelles et ne manquent pas d'une sorte de coquetterie.

De Philœ à Wadi-Halfah, le Nil coule entre deux chaînes granitiques arides et désolées, auxquelles les couchers du soleil et le clair de lune prêtent des couleurs et des formes fantastiques. Çà et là on découvre un temple ou un bois de ces palmiers qui, en Nubie, cessent d'être des tiges élancées et solitaires, pour devenir des touffes immenses comme hauteur et étendue. Cette seconde région traversée par le fleuve a un caractère et des beautés très différentes de la première ; mais elles se complètent mutuellement, et l'on hésite à se prononcer entre elles.

7 Décembre. — La seconde cataracte, à trois lieues au-delà de Wadi-Kalfah, n'est comme la première qu'une imposante succession de tourbillons entre des écueils de granit noir ; elle se prolonge sur une longueur beaucoup plus considérable, et une différence de niveau de trente mètres en rend les courants plus rapides et les gouffres plus dangereux. De formidables rochers noirs, semblables à des laves volcaniques, transforment les bords du fleuve en

falaises élevées ; de leur sommet, le regard se perd sur le
sable empourpré du désert ou plane sur cette immense
nappe hérissée de brisants. Cette nature déserte, morne,
désolée, a une grandeur sauvage qui fait songer à quelque
cataclysme, le déluge ou le jugement dernier : pas un arbre,
pas un son que celui du bouillonnement de l'eau, pas un
être vivant si ce n'est peut-être un crocodile endormi sur
le sable..... la malédidiction de Dieu semble peser sur ce
coin du monde, et l'on y goûte la sublime beauté du
sinistre et du terrible.

IV

LE NIL (suite)

Le terme est atteint, nous songeons au retour. A la montée nous avons dû courir droit au but : ainsi le veut l'usage expliqué en cette circonstance par la nécessité de profiter du vent et de la saison pour lutter contre le courant ; mais à la descente nous sommes libres, notre temps nous appartient et nous nous sommes promis d'explorer les rives, d'interroger chaque pierre, chaque monument, de parcourir champs et bois.

8 Décembre. — Dès le premier jour une trombe nous assaille et nous retient au rivage : le soleil se cache derrière d'épais nuages, le Nil se soulève furieux, la tempête se déchaîne et entraîne des tourbillons de sable ; la température se refroidit subitement et varie de près de vingt degrés en quelques heures.

Les deux temples d'Ibsamboul ou Abou-Simbel sont les premiers que nous rencontrons. Leur distribution est celle de tous les sanctuaires pharaoniques : une vaste pièce soutenue de pilastres ou de colonnes, puis une plus petite nommée *naos* et renfermant les images de la Triade égyptienne : Knef, Pta et Fri ; ces deux pièces sont souvent séparées par une troisième appelée *pronaos* ou vestibule, et donnant accès à une série de petites cellules. Tel est le plan général et rarement modifié de ces édifices. En Égypte les temples s'épanouissent au soleil, quoiqu'aucune fenêtre ne lui donne accès intérieurement ; ils sont plus surprenants, peut-être, comme travail et difficulté vaincue que les temples nubiens ; mais ces derniers, creusés dans le roc, me semblent d'un effet plus saisissant et de plus de grandeur. Revenons à Ibsamboul. La façade du petit temple, décorée de six statues de onze mètres de haut, domine à pic le Nil ; celle du grand temple, à demi-enfouie dans le sable que le simoun y souffle sans relâche, est un peu plus loin, protégée par six sphynx accroupis qui mesurent plus de vingt mètres. Au dedans et à l'extérieur, ces temples sont entièrement couverts d'hiéroglyphes comme, au reste, tous ces sanctuaires. Vus au jour mystérieux qu'y répandent les torches, ils ont quelque chose de très solennel, et les reflets rougeâtres dans lesquels s'agitent nos noirs compagnons y ajoutent je ne sais quelle teinte infernale qui ne leur messied pas.

Derr, dont le temple assez dégradé nous est occasion d'une agréable promenade matinale à travers un bois de palmiers ; Amada, presque enfouie ; Séboua, précédé d'une allée de sphynx et de colosses disparaissant dans le sable ; Dakkéh, avec ses pylones et son mur d'enceinte ruiné ; Gherf-Hossein, qui rappelle Ibsamboul en miniature et en diffère par une avenue de pilastres flanqués de colosses ; Dindour, assez bien conservé, mais plus simple d'ornementation ; Kalabéhéh, ou plutôt l'amoncellement de ruines qui gisent à la place où il s'élevait naguère ; Debot, enfin, et ses trois pylones à l'ombre desquels s'abritent de chétives mâsures, se partagent tour à tour notre admiration excitée par un grandiose qui défie la plume. Plusieurs de ces temples cependant sont à demi-écroulés. On en a beaucoup accusé les siècles et un tremblement de terre ; mais il faut reconnaître que le temps, en Égypte, est moins destructeur qu'on ne le dit, et que trop souvent la main de l'homme ou le vanda-lisme impitoyable des savants vient en aide à sa faux tradi-tionnelle.

Entre Kalabéhéh et Debot est la frontière de Nubie, défendue jadis par des forts qui dessinent encore leurs silhouettes sur les îlots et sur les falaises. A cet endroit, le Nil s'enfonce dans une gorge sauvage, resserré entre deux chaînes de rochers ; son lit se hérisse un instant d'écueils, et ce tableau, renfermé dans un cadre plus étroit qu'à Syène, est encore d'un effet imposant. Le crépuscule nous y surprend et lui prête la poésie de ses vapeurs indécises, à travers lesquelles se montre à l'horizon un paysage frais et riant, où le Nil coule paisible jusqu'à la cataracte : image de l'homme qui s'endort insouciant entre deux dangers.

15 Décembre. — Emportées avec une rapidité effrayante, les barques franchissent en quarante-cinq minutes les cou-rants qu'elles ont eu tant de peine à remonter en cinq jours ; nous retrouvons Assouan et l'Égypte avec ses bords plus fertiles, mais moins grandioses que les rochers et les sables dorés de la Nubie. Les merveilles s'y succèdent encore : Koum-Ambo, d'abord, dressant fièrement sur la marge élevée du fleuve des débris immenses qu'il mine chaque jour ; les carrières de Silsiléh ensuite, où la légende attache une chaîne barrant jadis le Nil ; peu après, Edfou, récemment déblayé. C'est un des temples les plus beaux, les plus com-plets et les mieux conservés de toute l'Égypte. Les longs couloirs obscurs, les escaliers secrets, les chambres mysté-rieuses, tout a été protégé par le sable qui garde intacts ses hiéroglyphes et ses sculptures fines comme un tissu brodé. L'ensemble et les détails en sont également beaux, curieux et riches.

Les grottes tumulaires d'El-Kalb, visitées la nuit surtout, sont intéressantes; l'heure et le silence du désert leur prêtent un nouvel attrait. Elles sont creusées au flanc d'une montagne dont les fortes arêtes se détachent en ombre sur le ciel étoilé; les peintures aux couleurs vives encore, de ces chambres sépulcrales, sont une curieuse révélation des coutumes et des cérémonies des premiers âges.

Nous revoyons Esneh de loin, et nous donnons un coup-d'œil aux sucreries de Mustapha-Pacha placées, à Erment ou Hermontis, sous la protection d'un petit temple fort dégradé.

21 Décembre. — Enfin nous touchons à Thèbes. Huit jours y passent bien vite. Mais comment parler de tant de merveilles qui font l'homme si petit, et pourtant comment se taire? Les temples de Louqsor, avec leurs colonnades, leurs pylones et l'obélisque, frère jumeau de celui qui a élu domicile à Paris, sont à moitié perdus dans les huttes arabes : majestueux débris que dépare cet envahissement et que ne relève pas le voisinage des splendeurs de Karnak.

Les temples de Karnak, dont l'enceinte prodigieuse semble renfermer une ville entière, sont aujourd'hui fort dégradés. On se perd au milieu de ces forêts de colonnes, de ces labyrinthes de murailles sculptées, de ces obélisques, de ces pylones, de ces statues, de ces avenues de sphynx et d'animaux fantastiques, et l'on se fatigue presque d'admirer. Les savants ont érigé des systèmes; les archéologues mesuré des lignes et dressé des plans; les antiquaires ont de nouveau remué ce vieux sol; maints touristes y ont usé leurs plumes dans des efforts impuissants; enfin la gravure, le dessin, la photographie ont reproduit sous des formes variées ces gigantesques débris. Tout a été fait ou dit, il ne reste plus aux nouveaux visiteurs qu'à se recueillir dans le silence.

Sur la plage opposée, les colosses de Memnon qui refusent leurs oracles à notre siècle esprit fort, les débris de celui de Sésostris, les temples de Médinet-Abou, celui plus modeste

de Deir-el-Médinet et le Ramesseum, appelé le Parthenon de
Thèbes parce qu'on le regarde comme ce qu'il y a eu de
plus élevé dans l'art égyptien, forment un vaste panorama
auquel des montagnes percées d'innombrables grottes funéraires servent de limite. A la grandeur de la nature répond
celle des monuments. Thèbes, la ville sacrée, embrassait
jadis tout cet ensemble dont il ne reste à présent que des
ruines dispersées sur les deux rives du fleuve. Ce qu'on en
voit encore dépasse ce qu'on avait rêvé. Que devait donc
être ce passé mystérieux? L'imagination s'avoue vaincue,
car ici l'ombre seule de la réalité l'emporte sur la fiction.

Auprès des vivants se conservait le souvenir des morts,
c'est pourquoi le temple de Gournah garde, en quelque
sorte, l'entrée de la nécropole des rois. Cette longue vallée,
resserrée entre des montagnes décharnées, arides, pierreuses, réalise tout ce qu'on peut supposer de plus triste et
de plus lugubre. Il était difficile de choisir une retraite
mieux en harmonie avec la pensée de la mort et du néant.
On devait croire aussi qu'elle resterait à jamais ignorée, la
cupidité l'a fait découvrir, profaner et dégrader. Les sarcophages de marbre ont disparu avec les richesses qu'ils
contenaient, et les momies royales n'ont pas été respectées.
On a retrouvé quarante-sept de ces tombes où les excavations, les chambres, les escaliers se croisent et se mul-
tiplient, tous chargés de peintures et de sculptures, mais
variant dans les dimensions et dans le travail selon la durée
du règne de leur hôte. Quelques-unes ne sont point achevées:
la mort n'attend pas, elle a contremandé les artistes.

25 Décembre (Noël). — Une messe à bord a quelque chose
d'imposant, elle est célébrée sur l'*Anna-Marie* par un bon
père franciscain, venu de Négadeh; elle emprunte je ne sais
quoi de touchant et de solennel à ce beau ciel, comme au
contraste de cette terre tout empreinte des vestiges du paga-
nisme avec la croix qui la domine de sa sainte majesté.

Nous revoyons Kench et ses fabriques de gargoulettes.

L'agent consulaire de France, mis en belle humeur par le vin de Champagne qu'autorise son titre de chrétien, nous escorte au temple de Dendérah, l'un des mieux conservés intérieurement et des plus riches en sculptures. Pourtant son style, assure-t-on, témoigne d'une ère de décadence; il date en effet du temps de Cléopâtre, ou du moins ne remonte pas au-delà des Ptolémées. Un cachet spécial lui est imprimé par de longs et étroits couloirs creusés dans l'épaisseur des murs couverts d'hiéroglyphes, sans autre accès qu'un soupirail, et consacrés sans doute à quelque rite mystérieux. Les ruines d'Abydos, la ville d'Osiris, et ses deux temples disparaissent presque sous le sable dont ils marquent la limite à l'extrémité d'une plaine verdoyante; elle conduit à Girgeh, jolie ville aux minarets élancés, que le Nil engloutit peu à peu dans un capricieux écart contrastant avec ses habitudes calmes et paisibles. Les falaises de la chaîne lybique s'abaissent de nouveau pour faire place à des rives fertiles et ombragées, qu'animent çà et là de jolis villages ou de petites villes blanches et gracieuses. Ainsi se termine l'année, doucement, mais trop vite, hélas !

1er *Janvier 1863*. — Un souvenir de France, comme cela fait plaisir, comme cela commence bien l'année! Au milieu de toutes les barques aux couleurs anglaises ou américaines, une cange, enfin, porte notre pavillon, et deux visages de connaissance, le prince d'A.... et le comte de Ch..., nous saluent en nous parlant de la France. La nuit précédente, nous avions croisé le duc de Brabant. Son bateau était illuminé et orné, mais on refusait d'en nommer l'hôte auguste, et, de cet air de mystère, nos réis avaient conclu à quelque harem en déplacement et villégiature.

Nous ne résistons pas au désir de revoir Syout. Le Nil, rentré dans son lit, a fait place déjà à une riche végétation. Ce changement si rapide surprend, mais la ville n'y perd rien; elle semble aussi charmante, étalée sur un tapis de verdure que se baignant dans son lac d'occasion. Du haut d'une montagne voisine, en se plaçant à l'entrée de l'une de ses grottes funéraires, on jouit d'un panorama magnifique : des canaux aux courbes gracieuses, des chaussées ombragées, une belle plaine semée de bouquets d'arbres, au centre Syout et ses blancs minarets; puis au premier plan, devant soi, la cité des morts, voisine de celle des vivants et objet d'un soin tout particulier. Les Musulmans, on le sait, éloignent toute idée lugubre de la demeure de leurs morts en y multipliant les dômes, les arabesques, les sculptures et les fleurs.

3 Janvier. — Les touristes ont beau explorer le Nil en tous sens, quelques sites échappent encore à presque toutes les investigations; c'est à ce titre que Crocodilopolis, près de Mahabdeh, nous attire spécialement. On s'insinue par un trou étroit dans des grottes situées au milieu d'un désert scintillant de fragments d'albâtre. La véritable entrée de cette nécropole n'a sans doute pas été découverte. Quoiqu'il en soit, on se traîne et l'on rampe pendant plusieurs centaines de mètres sur des débris de momies de crocodiles, et l'on en sort sale, défait, à demi-suffoqué, mais enchanté d'avoir vu plus ou mieux que ses devanciers.

Notre curiosité, habituée à si riche pâture, est sur le point de dédaigner les grottes tumulaires fort dégradées de Tell-el-Amarna. Celles de Beni-Hassan, plus nombreuses, bien alignées sur le flanc du rocher, mieux conservées, ont cependant beaucoup souffert depuis quelques années. La distribution de ces cellules sépulcrales et leurs peintures sont analogues à celles d'El-Kalb.

D'Antinoë, cette ville récente par comparaison, — que l'empereur Adrien consacra aux mânes d'Antinoüs, son infâme favori noyé dans cette partie du fleuve, — il ne reste rien ou à peu près rien : ses débris ont servi à Ismaïl-Pacha pour construire la sucrerie de Roda sur la rive opposée... O progrès de la civilisation !

La mauvaise saison arrive, les coups de vent deviennent

presque des tempêtes, ils sont quotidiens et nous clouent souvent sur la plage. Les tourterelles bleuâtres et les guêpiers Savigny, d'un si joli vert, en pâtissent : ces messieurs chassent, et parfois je les suis. Un jour, l'ardeur de la poursuite les entraîne jusqu'à l'entrée d'une petite bourgade inconnue ; ils se dispersent pour suivre leur proie, je reste seule ; je me vois tout à coup au milieu d'affreux noirs — on me dit ensuite que c'étaient des eunuques ; — mon fidèle Hamet n'est pas à mes côtés. Eux de me faire de grands gestes accompagnés de grands discours en me montrant une belle maison voisine (sans doute le lieu confié à leur surveillance) ; et moi qui ne les comprends pas et que cette pantomime est loin de rassurer, je me mets à avoir peur... Heureusement nos matelots, inquiets de notre absence, surviennent en ce moment et je ris de ma frayeur, tout en battant prudemment en retraite.

De hauts rochers, d'une structure singulière et ressemblant à cette pierre qu'on appelle *tuf*, renferment, près de Deir-el-Adra, un petit temple et de nombreuses excavations, d'abord sépulcres païens ; puis, nous dit-on, retraites des solitaires de la Thébaïde aux premiers âges du christianisme. A notre grand regret, nos livres ne nous fournissent aucun document sur ce point, et les indigènes, consultés par notre drogman, n'en savent pas davantage.

Devant Minieh, petite ville insignifiante, nous nous amusons longtemps de la résistance que mettent à se laisser embarquer les chevaux d'un régiment envoyé à Karkoum pour réprimer des troubles dans le Soudan. Nous examinons curieusement aussi les types variés, farouches, caractéristiques de ces bachis-bouzouks vêtus, chacun selon son idée, des costumes les plus fantaisistes.

10 Janvier. — Nous approchons du port, voici les pyramides qui montrent leurs silhouettes à l'horizon. Celles de Sakkarah sont fort au-dessous de leurs sœurs de Gizeh ; mais elles se mirent de loin, d'une manière charmante, dans le lac qui occupe le centre d'un bois de palmiers sur l'emplacement de l'antique Memphis, cette reine déchue, aux ruines presque disparues. Tout auprès de Sakkarah se trouve le Sérapeum, nécropole des dieux Apis, où l'on compte trente-cinq sarcophages, monolithes en granit noir d'une taille fabuleuse. Dans le voisinage aussi, un petit temple achève de secouer le sable qui l'avait envahi ; ses peintures retracent avec une extrême fidélité les mœurs et les costumes des anciens Egyptiens encore semblables à ce qu'ils sont aujourd'hui après tant de siècles, car en Orient tout est immuable.

Les pyramides de Gizeh, Khéops nommée la grande pyramide, Khefren et Mycérinus, sont d'un effet extraordinairement imposant par leur masse, mais de formes trop lourdes pour être belles. Peut-être subissent-elles le sort de toute chose trop vantée? L'imagination s'est mise en frais et la réalité ne peut y atteindre. La pyramide de Khéops, la plus colossale, couvre un espace de plus de quatre hectares de terrain et mesure cent cinquante mètres de hauteur. Cent quarante marches gigantesques conduisent à son sommet ; on les escalade, remorqué et porté par des Bédouins commis à ce soin. La chambre funéraire est d'un accès difficile ; l'air et le jour y manquent également, et la curiosité déçue en garde rancune. Le sphynx qui repose aux pieds des pyramides est encore à demi-enfoui ; sa tête énorme, d'une expression calme et douce, a seule complétement secoué le sable qui l'étouffait. Sa protection n'a pu garantir de la profanation les nombreuses tombes groupées à l'ombre du sépulcre royal. Parmi ces tombes surgit un petit temple où le granit noir se combine d'une manière heureuse avec l'albâtre oriental.

Vu le soir et à quelque distance, ce paysage est magique : les bois de palmiers et de mimosas se noient déjà dans la brume, tandis que les silhouettes des pyramides se découpent encore sur le ciel embrasé que reflète le Nil, comme s'il voulait fêter le dernier soir que nous passons à bord. Hélas ! c'est un adieu aux canges, aux bons jours si vite écoulés, à cette douce vie dont il ne nous reste plus déjà que le souvenir : le souvenir qui regrette en regard de l'espérance qui sourit.

14 Janvier. — Il faut que les yeux se fassent à l'Orient. Chacun, pour aimer le pays qu'il visite, a besoin d'y mettre un peu de sa pensée et de son cœur. Ce qui choquait d'abord s'évanouit, ce qui semblait bizarre plaît, on se passionne enfin pour cette terre privilégiée. Ainsi, ce n'est qu'à une seconde halte au Caire qu'on l'admire franchement, qu'on l'aime, en un mot. On n'y fait plus rien, on n'y voit plus rien, et pourtant les journées s'écoulent comme un songe. L'une d'elles nous ramène à Choubra ; mais le kamsin souffle, il dévaste, il dessèche, il flétrit. Le ciel est gris, l'air presque froid, les fleurs se sont flétries sous le souffle meurtrier, la nature est triste, et la féerie a disparu. Sans doute le kamsin passa sur le Paradis terrestre après la chute du premier homme ; et c'est dans cet affreux désordre que le jardin de délices, veuf de ses hôtes, dût apparaître aux anges désolés.

L'ouragan dura trois jours. Nous saluons le retour du soleil dans les jardins du duc d'Aumont, sous un boabab gigantesque, arbre à gomme élastique, mais phénomène peut-être unique comme puissance de végétation ; de ses branches horizontales descendent des rejets qui, retombant de la cîme jusqu'en terre pour s'y replanter, forment tout à l'entour de singulières et spacieuses galeries. Cet arbre, enfant d'un autre sol et transplanté là par le caprice de quelque pacha, projette son ombre sur un espace immense, au centre de l'île de Roudah, non loin du promontoire où la légende place les roseaux qui abritèrent le berceau de Moïse. C'est un site remarquable par son horizon embrassant le cours du Nil, Boulak et le désert jusqu'aux pyramides.

Une belle promenade nous conduit au barrage du Nil, cette louable entreprise de Méhémet-Ali, dans le but de régler les crues du fleuve. Le mélange du style maure et d'un gothique un peu colifichet contraste avec le caractère de cette construction et surtout avec la sévère grandeur des monuments de la vieille Égypte.

Comme adieu au Caire, le ciel nous ménage une bonne fortune, si l'on peut donner ce nom à une chance due à la mort d'un homme. Dans la nuit du 19 au 20 janvier, Saïd-Pacha meurt et son neveu Ismaël lui succède. Sans respect pour les cendres encore chaudes du dernier vice-roi, les acclamations retentissent aussitôt en l'honneur de l'astre qui se lève. La ville s'illumine, les bazars se pavoisent ; des girandoles et de riches draperies ornent les rues, la vie est partout. Les Arabes, si graves et si tranquilles d'ordinaire, se heurtent et se pressent. Ces trois nuits respirent un air de luxe, de fête et de gaieté ; le Caire semble vraiment la reine de l'Orient chantée par les poètes.

28 Janvier. — Il faut enfin s'arracher à tant de séductions, il n'y a plus à différer. Une œuvre laborieuse nous attend, les préparatifs sont faits, les marchés conclus. Il ne s'agit de rien moins que de gagner la Palestine en traversant le désert. Peu de femmes osent s'y aventurer, ma mère n'en est pas effrayée : intrépide jusqu'ici, elle ne recule pas devant la fatigue et le danger. Son courage la soutient, son courage s'unissant à l'amour maternel et au désir de ne pas déranger un projet qui semble plaire à tous. Pour moi, en qui le nom seul de désert éveille de vives émotions, je souris à l'idée de le connaître dans toute son horreur. Nous n'avons fait encore que l'apercevoir, nous allons donc y pénétrer. Mais avant d'en prendre la route, nous reverrons l'isthme de Suez. M. de Lesseps en personne nous en fera cette fois les honneurs, en même temps qu'au duc de Brabant revenu de la Haute-Égypte. On ne manque pas une si belle occasion. Mon fidèle Hamet me suivra, je n'ai pu résister à son chagrin de la séparation. Il a échangé la tunique du fellah contre le brillant costume du saïs ; il doit me protéger dans les périls du désert ; son rire franc et joyeux renaît et nous montre de nouveau ses dents blanches contrastant si drôlement avec sa peau bronzée.

Nous revoyons Zagazig, Tell-el-Kebir, le seuil d'El-Guisr, Timsah qui s'appellera Ismaïla en l'honneur du nouveau pacha, Timsah que nous retrouvons grande ville déjà et baignée par son lac. A Toussoum, nous constatons les progrès que le percement de l'isthme a faits depuis trois mois. M. de Lesseps, avec une bonne grâce parfaite, nous explique son œuvre, et Mgr le duc de Brabant, notre compagnon momentané de voyage, y joint de délicates attentions. A Kantarah, point de départ des caravanes qui vont en Syrie, un grand dîner, prélude de la séparation, nous réunit une dernière fois. Le prince le termine par un toast aussi gracieusement dit qu'amiablement porté. « Après s'être incliné » devant la vieille Égypte, il croirait, dit-il, manquer à son » pays, à son siècle et à lui-même, s'il ne venait saluer aussi » cette merveille de notre époque. » Il y ajoute un aimable souhait de bonne chance aux chercheurs d'aventures.

DEUXIÈME PARTIE

PALESTINE & SYRIE, CONSTANTINOPLE

1

JÉRUSALEM

31 Janvier 1863. — Nous nous enfonçons dans les profondeurs du désert, après avoir dit adieu au doyen de notre
bande, peu soucieux de l'inconnu qui nous attend. Un bédouin superbe, au fier profil, au regard profond, où la colère allume parfois une lueur sauvage, nous a été donné
par M. de Lesseps, ainsi que ses frères, comme guide et
escorte. Abou-Chanem, c'est son nom, marche en tête sur
son dromadaire; nous le suivons, un peu effrayés d'abord
de la hauteur et des allures de nos montures du désert,
mais rassurés bientôt, puis habitués et finalement attachés
à ces dociles bêtes, comme à de bons serviteurs, d'autant
plus que ce genre de sport n'entraîne pas la fatigue qu'on
lui prête.

Quarante chameaux de charge ou de selle — dans ce
dernier cas ils prennent le nom de dromadaire — forment

une file imposante. Les campements, auprès d'une oasis souvent, présentent un spectacle des plus pittoresques, avec les tentes dressées, la cuisine en plein air, la pile des ballots, les animaux couchés et ruminant leur maigre pitance, enfin les grands feux autour desquels nous nous groupons pêle-mêle avec nos bédouins aux types sévères, au costume élégant. Éclairés par les flammes et leur empruntant des teintes inexprimables, ils charment la veillée, tantôt par des chants tristes et monotones, tantôt par ces contes merveilleux que tous les Orientaux aiment avec passion : des exploits guerriers, des apologues, des légendes en fournissent le texte, celle surtout, m'a-t-on dit, de la reine de Saba et du roi Salomon. Parfois ces hommes si graves aiment à rire : les femmes alors sont, de préférence, l'objet de leurs sarcasmes. Un conte de ce genre, récité à la grande joie des auditeurs, m'a tant diverti que j'en veux consigner ici le souvenir :

« Dieu procédait à la création d'Ève, et tandis qu'il refermait la plaie d'Adam, un singe, envoyé par le diable, saute sur la précieuse côte, l'emporte et se sauve dans un bois voisin. Le Créateur, vivement contrarié, ordonne de poursuivre le larron. Après une rude chasse, un ange parvient à le saisir par la queue, mais cette queue lui reste entre les mains, et ce fut tout ce qu'il put rapporter, non sans échapper aux rires de la cour céleste. Dieu regarda ce tronçon avec quelque désappointement. « Enfin, dit-il, puisque nous n'avons que cela, voyons ce que nous en pourrons faire? » Et, cédant peut-être sans réfléchir à son amour-propre d'artiste, il transforme l'ignoble queue en une créature belle au dehors, mais au dedans pleine de malice et de perversité [1]. »

---

[1] Un de mes amis, qui aurait peut-être à réclamer une part dans l'héritage du singe, je ne dirai pas laquelle, a pris goût à l'apologue et s'est amusé à le tourner en vers :

> Quand fut créé le premier homme,
> Dieu lui tira, pendant son somme,

Revenons à la vie du désert.

Le désert n'est pas, comme nous l'avions rêvé, un océan de sable à perte de vue; une sorte de végétation lui est propre, rabougrie, grise plutôt que verte, déparant le tableau

> Une côte pour en former
> Un bel objet qu'il pût aimer.
> Mais, par grande mésaventure,
> L'os tomba des divines mains.
> Or, un singe qui, d'aventure,
> Passait, joyeux, par ces chemins,
> Le prend et fuit à toutes jambes.
> « Courez lui sus! » dit le bon Dieu
> Aux bêtes paissant dans ce lieu.
> Il dit, et tôt les plus ingambes
> S'élancent comme un trait de feu.
> Ce fut une lutte superbe
> Où chiens, chevreuils, loups et chevaux,
> Un peu surpris d'être rivaux,
> A fond de train couraient sur l'herbe.
> La poursuite dura longtemps
> Et durerait encor, peut-être,
> Si un mâtin, à belles dents,
> D'un bond n'eût attrapé le traître,
> Mais par la queue qu'il tranche net
> Et vint porter à Dieu le père.
> « Te moques-tu de moi, benet? »
> S'écria le Seigneur. « Que faire
> De ce tronçon tout dégoûtant?
> Eh bien! reprit-il à l'instant,
> Il fera pourtant mon affaire. »
> Aussitôt dit, d'un tour de main
> Eve naquit, du genre humain
> La mère, et fille de la queue
>   Rouge et bleue
> Qui lui infusa son venin.

> On voit par cette belle histoire
> Répandue en tout l'Orient,
> D'où provient la malice noire,
> La ruse et l'instinct malfaisant
> Du sexe perfide et volage
> Qui damne l'autre d'âge en âge.

à un point de vue et ne l'embellissant à aucun. Le sol est ondulé, des oasis de palmiers se cachent souvent dans les plis du terrain; parfois ils ombragent des flaques d'eau jaunâtre, dont l'horrible saveur augmente encore la soif qu'aiguise sa vue.

Notre seconde journée de marche s'arrête à l'emplacement de Katyéh, ville jadis florissante, aujourd'hui disparue. A côté d'une tour romaine ruinée et de tronçons de colonnes en marbre blanc, seuls vestiges de son existence, deux tombeaux de saintons témoignent de campements de Bédouins plus récents; un gros bouquet de dattiers les y attire sans doute. En approchant d'El-Arish, la végétation cesse complétement; tantôt ce sont des plaines de sable blanc, scintillant de paillettes de basalte, tantôt nous retrouvons le sable d'or de la Nubie. C'est bien le désert, enfin, avec sa grandeur sauvage : pas un oiseau ne gazouille, pas une feuille ne bruit, pas un insecte ne s'agite, et dans ce silence de la nature l'âme se recueille et se sent née pour l'infini. L'infini? quelle puissance dans ce mot, quelle attrait mystérieux ! Notre esprit ne saurait le comprendre, mais notre âme en a soif. L'Océan et le désert en sont deux sublimes images, quoique inégalement incompréhensibles; car la mer a pour nous sa raison d'être comme lien entre les peuples éloignés, comme instrument de civilisation et source féconde de bien-être. Mais le désert? Pourquoi cette immense solitude, pourquoi ces sables amoncelés que le simoun soulève et disperse avec fureur? Pourquoi cette vaste étendue d'où la vie est absente sous toutes ses formes ailleurs si variées, et où elle ne pénètre qu'à travers mille dangers pour n'y laisser d'autres traces que des ossements? Le Créateur a-t-il voulu laisser son œuvre incomplète? Non sans doute. Celui en qui réside la sagesse absolue n'a rien produit que de parfait. Il y a là quelque haute pensée, quelque dessein profond qui échappe à notre débile intelligence. Désert, je te salue ! je viens après tant d'autres te demander ton secret et si, pas plus qu'eux, je ne puis l'obtenir, je ne m'en incline pas moins, tout émue, devant ta majesté.

D'El-Arish, triste village perdu dans cette immensité et rendu plus maussade encore par une haute forteresse, nous apercevons la mer que nous revoyons par intervalle jusqu'à Gaza, un soir entre autres près du joli fort d'El-Kan-Younas qui signale la frontière de Syrie. Adieu l'Afrique et salut à la terre d'Asie! Nos étapes de la journée, nos campements du soir, se placent comme bons souvenirs à côté de ceux du Nil. Nos Bédouins sont bons comme l'étaient nos matelots; leur cordialité et leur hospitalité rappellent les vieux âges, leurs mœurs sont patriarcales, parfois même un peu trop...

7 Février. — On quitte le désert en approchant de Gaza, jolie ville bien située, bien bâtie, entourée de bois d'oliviers et dominée par une montagne que couronne une mosquée aux coupoles arrondies, consacrée par les Musulmans au souvenir de Samson. De là l'œil embrasse un vaste horizon: la ville et la mer devant soi, à gauche le désert, à droite une large plaine, et dans le fond les montagnes derrière lesquelles se cache Jérusalem. Cette plaine, quoique cultivée, paraît nue, silencieuse, sans ombre, même sans habitants, car leurs maisons se dissimulent sous des terrasses gazonnées. On sent la présence de l'homme partout, on ne le voit nulle part, et cette marche est d'une triste et oppressante monotonie. Enfin nous atteignons le puits romain de Beït-Djébrin, au pied des montagnes. Le sentier rocailleux et difficile qui les traverse côtoie le lit desséché d'une rivière, au fond d'une gorge sauvage. La pluie nous y surprend, nos chameaux hésitent, trébuchent, suivent péniblement le chemin qui gravit une côte aride et pierreuse. Dans un repli de terrain apparaît le village d'Abou-Goch, qui a pris ce nom de celui de son cheik, jadis chef de brigand redouté. Nous trouvons un abri contre le déluge qui continue, sous la triple nef d'une église gothique, souvenir des croisés.

D'autres voyageurs y cherchent un asile aussi, et ce campement improvisé présente un coup-d'œil d'une piquante originalité. Un vol, cependant, en trouble le calme et nous prouve que les habitants n'ont point complètement dépouillé leur ancien caractère. Nos chameliers et notre escorte de bachi-bouzouks croient leur honneur compromis; la querelle s'envenime, quelques fusils se montrent derrière les murs; on se borne heureusement, de part et d'autre, à une attitude menaçante et nous repartons après de longs pourparlers.

Nous escaladons une série de monticules séparés entre eux par des ravins, nous touchons au dernier sommet, et soudain se montre à nous, avec son enceinte de murailles crénelées, la ville sainte, Jérusalem !

11 Février. — L'apparence d'aridité et de désolation qui règne autour de Jérusalem serre le cœur : personne au dehors de la ville, pas de bruit au dedans. Les rues, semblables à des cloaques étroits et noyés dans l'ombre de voûtes nombreuses, sont taillées en pentes raides, toujours bourbeuses et glissantes, quoique pavées en larges pierres. L'aspect général de la ville est sale et triste; ses habitants, au teint hâve, marchent lentement, silencieusement, comme sous le poids d'une profonde misère.

Ici la curiosité du voyageur s'efface devant les aspirations de la foi du chrétien, et les souvenirs de la religion sont les premiers qu'on y cherche. Malheureusement l'attente est loin d'être remplie. Les conversations, les querelles, les promenades qui profanent le Saint-Sépulcre dissipent la piété qu'on y avait apportée; et l'imagination a trop à faire pour aider la foi dans la recherche des vestiges de N.-S. J.-C., consacrés par la tradition. Ce premier coup-d'œil attriste profondément, c'est une illusion perdue, un rêve d'enfance dissipé. La solennité, l'idéal dont on entoure la grande figure du Christ s'amoindrit presque dans l'altération et la profanation de ses empreintes vénérées : il y a là trop de l'homme dans l'Homme-Dieu.

La VOIE DOULOUREUSE, de mille trois cent quarante pas de longueur, étroite, tortueuse, remplie de fange, ne conserve presque aucune trace du drame douloureux qui s'y est déroulé. La tradition cependant y a reconstruit un chemin de croix dans l'ordre suivant :

La PREMIÈRE STATION est le *lithostrotos* ou le balcon du gouverneur dans le prétoire, aujourd'hui caserne turque. Un arc de porte, sculpté et muré, marque l'emplacement de la *scala santa,* du haut de laquelle l'arrêt inique fut prononcé. Le palais d'Hérode, entr'acte de la Passion en quelque sorte, est situé à une centaine de pas, dans une rue adjacente. En face du prétoire, les franciscains ont consacré par une chapelle le souvenir de la flagellation.

La DEUXIÈME STATION se trouve aux deux arcades de l'*Ecce homo,* ces dernières renfermées, en grande partie, dans le couvent des filles de Sion.

La TROISIÈME est à l'angle de la rue de Damas, où une colonne renversée signale la première chute.

Quelques pas plus loin le Christ fut entraîné dans une autre ruelle ; à cet endroit il rencontra sa mère et la salua : *Salve mater.* Ce souvenir est consacré par la QUATRIÈME STATION.

La CINQUIÈME rappelle la rencontre du divin supplicié et du Cyrénéen auprès de la maison du mauvais riche.

La SIXIÈME est dédiée à la rencontre du Sauveur et de Véronique.

Une entaille dans le mur indique la deuxième chute et la SEPTIÈME STATION.

Un peu après, se trouve la *porte judiciaire* ou des criminels. Là s'arrêtait jadis l'enceinte de Jérusalem ; la sentence des condamnés y était attachée à une colonne de granit rouge qui s'aperçoit encore dans un buisson de nopals. Les filles de Jérusalem s'y étaient groupées en pleurant, et la HUITIÈME STATION honore leur anxieuse attente, à l'endroit où quelques débris de cette porte se voient enchâssés dans des constructions plus récentes.

Une colonne dans le bazar rappelle la troisième chute et la NEUVIÈME STATION.

Là, le Sauveur était arrivé au terme de la douloureuse tragédie qui allait se dénouer sur le Calvaire ; les dernières stations sont réunies dans l'église du Saint-Sépulcre.

La DIXIÈME dans la chapelle du dépouillement.

La ONZIÈME dans la chapelle construite sur le lieu où le Christ fut cloué sur la croix.

La DOUZIÈME sur l'emplacement où la croix fut élevée.

La TREIZIÈME à la pierre de l'onction.

La QUATORZIÈME au Saint-Sépulcre lui-même.

Malheureusement la piété dévastatrice des fidèles a obligé de cacher sous des plaques de marbre cette tombe béante et ce rocher sanctifié, dont la nudité parlerait plus haut à l'âme que tous les ornements dont ils sont revêtus. Le roc ne se montre guère que sous la porte basse qui sépare du tombeau même la petite pièce où les anges apparurent aux saintes femmes. L'ensemble du sépulcre présente l'aspect d'un énorme bloc de marbre blanc. Une procession du chemin de croix se fait dans l'église, où divers sanctuaires suppléent aux stations extérieures. Édifiante toujours par ses souvenirs empreints d'une religieuse poésie, cette cérémonie devient fort imposante les jours solennels, lorsque le patriarche la préside, vêtu de son long manteau de soie violette doublé d'hermine, et suivi de tous les franciscains qui, des cierges à la main, se déroulent lentement sous les saintes arcades. Outre les dernières stations commémoratives de la vie du Christ, l'église du Saint-Sépulcre renferme de nombreux sanctuaires, la plupart réservés au culte latin. Ce sont les chapelles de l'apparition de Jésus-Christ à Marie-Madeleine, de sa détention pendant que se préparait son supplice, de la colonne de la flagellation, du couronnement d'épines et de la pénitence du bon larron.

Du Calvaire on descend à la chapelle arménienne, dernier vestige des constructions de sainte Hélène, élevées sur l'emplacement où la pieuse princesse se tenait en prière pendant que les insignes reliques étaient retrouvées dans une citerne abandonnée. On y arrive par dix-huit marches ; un autel consacré à l'invention de la vraie croix s'y trouve placé précisément sous le Calvaire, à une profondeur de quarante pieds.

Trois autels sont dressés sur le Calvaire : à l'endroit où le Christ fut cloué sur la croix, à celui où son corps fut déposé entre les mains de sa mère, et au lieu même où il fut élevé entre le ciel et la terre afin d'accomplir les prophéties. Là aussi est la fente qui se fit dans le rocher au moment de la mort de l'Homme-Dieu. Selon une touchante croyance, le déluge aurait transporté les restes du premier homme dans un caveau au-dessous du Calvaire, et par cette fissure qui y correspond, quelques gouttes du sang régénérateur du second Adam coulèrent sur le premier, en gage du pardon de son crime et de réconciliation avec sa race. Le centre de l'église, celui même du monde, d'après les croyances de tout le moyen âge, appartient exclusivement aux Grecs ; le sanctuaire étincelant d'or répond à la richesse de leurs costumes et aux pompes de leurs cérémonies. Mais l'esprit chevaleresque des Français trouve plus d'attrait à contempler, dans l'humble sacristie des franciscains, la vaillante épée de Godefroy de Bouillon, ses éperons et son collier dont on revêt encore les chevaliers du Saint-Sépulcre pendant la cérémonie de leur réception.

A voir du dehors l'église du Saint-Sépulcre, on dirait qu'elle craint d'attirer les regards. La croix de sa coupole est trop humble pour dominer, et sa façade est bien à l'étroit entre deux couvents grecs. Pourtant les cintres mêlés d'ogives de ses fenêtres et de son double portique sont riches de sculptures ; mais l'une des portes est murée, et l'autre ne s'ouvre qu'après de nombreuses difficultés et un gros tribut payé aux musulmans. Une seule petite chapelle, séparée du Calvaire par une fenêtre grillée, est toujours ouverte à la piété des fidèles. Dédiée à l'angoisse poignante qui saisit la Mère de douleur à la vue de l'agonie de son divin Fils , elle rappelle aussi la pénitence de Marie l'Égyptienne, coupable et repoussée du temple par une main invisible. Auprès de l'église du Saint-Sépulcre , les sculptures d'une porte cintrée , à demi-enfouies dans ses décombres , indiquent seules encore le palais des chevaliers hospitaliers.

Des sanctuaires nombreux, sinon riches , sont disséminés dans la ville sainte. Près de la porte Saint-Étienne , la France relève l'église de Sainte-Anne, bâtie par sainte Hélène sur la grotte où naquit la sainte Vierge. Aux approches de la piscine d'Ézéchias se trouve l'église syrienne construite sur les restes de la maison de saint Marc , et la foi naïve y vénère le baptistère de la sainte Vierge et la porte à laquelle vint frapper saint Pierre miraculeusement délivré de prison. Les Arméniens ont leur principale église dans le quartier qui leur est affecté ; très riche en sculptures , dorures et incrustations , elle est consacrée à la mémoire du martyre de saint Jacques. Tout à côté, une autre église fort ancienne s'élève sur les fondations de la maison du grand-prêtre Anne ; dans la cour y attenante, on vénère un olivier auquel, dit-on, le Christ fut attaché.

A deux cents pas plus loin, en dehors de la porte de Sion , un autre couvent arménien occupe l'emplacement de la maison de Caïphe ; sa chapelle est prise dans ce qui fut la prison même du Christ, et l'autel qui la décore est fait de la pierre qui fermait l'entrée du Saint Sépulcre. On regarde avec émotion tous ces lieux que les récits évangéliques nous ont d'avance rendus familiers. Voici la place où saint Pierre renia son maître. Et quand même il y aurait quelque erreur dans les désignations traditionnelles, peu importe. Les méprises, s'il y en a , ne sauraient porter que sur un espace infiniment petit. N'est-ce pas le même ciel ?

n'est-ce pas la même étroite enceinte? L'âme, fortement saisie par la réalité des choses, se laisse aller avec attendrissement au souvenir de ces grandes scènes dont le théâtre incontestable est sous ses yeux.

Non loin du couvent arménien, une vaste église, construite par les croisés et tombée par la conquête sous le pouvoir musulman, embrasse le cénacle, le lieu de la cène, la chambre où mourut la sainte Vierge et le tombeau de David. Le fanatisme des sectaires de Mahomet s'est emparé de l'église, a chassé les franciscains qui la desservaient, et les a remplacés par des santons dont la cupidité met à haut prix le rapide coup-d'œil qu'ils permettent aux chrétiens d'y donner.

Pour retrouver les autres empreintes des pas du Sauveur, il faut sortir de Jérusalem. Passant auprès de la piscine de la probation, maintenant desséchée et ruinée, où Notre-Seigneur guérit le paralytique, et franchissant la porte Saint-Étienne, on descend un escalier escarpé, à l'extrémité duquel est le rocher qui a vu le supplice du premier martyr; on passe le torrent du Cédron, dont le lit est à sec, et on arrive au jardin de Gethzémanie. Huit oliviers à l'ombre desquels se reposa le Christ, y sont enfermés dans une enceinte confiée à la garde des franciscains. Des soins mal entendus ont transféré en parterre fleuri cet oratoire divin que l'on voudrait voir nu et sauvage. Dans le voisinage, on montre le rocher témoin du sommeil des apôtres pendant la dernière nuit, le lieu du baiser de la trahison, la grotte de l'agonie, dont les parois nues et tristes inspirent le recueillement et la prière; enfin, tout auprès, par un rapprochement touchant, le tombeau de la sainte Vierge. Échappée aux destructions de Saladin, l'église qui renferme ce précieux dépôt est encore celle bâtie par Godefroy de Bouillon; elle présente un singulier assemblage de portail roman et de voûtes ogivales. Dans le chœur où l'on arrive, par un bel escalier intérieur de cinquante marches, est la grotte où repose la tombe de Marie et qui contient, en outre, les sépultures de saint Joachim, sainte Anne et saint Joseph. En remontant la pente opposée du ravin, par un sentier tortueux et rapide, on voit les ruines de différents oratoires conservant de pieux souvenirs aux places que la tradition leur assigne : le Christ pleurant sur Jérusalem, l'enseignement du *Pater* aux apôtres qui devaient se réunir plus tard au même lieu pour composer le *Credo*.

Au sommet de la montagne des Oliviers, une église avait été bâtie sur le rocher où Notre Seigneur laissa l'empreinte de son pied comme adieu à la terre en remontant au ciel. Les Musulmans ont transformé ce sanctuaire en mosquée; mais ils ne l'ont ni profané ni dégradé, et leur fanatisme s'adoucit même jusqu'à permettre aux communions chrétiennes d'y célébrer leurs offices à certains jours. Du haut du minaret qu'ils y ont construit, l'œil embrasse un vaste et intéressant paysage : d'un côté, Jérusalem tout entière se détachant sur les montagnes arides qui lui masquent la mer, et plus près la vallée de Josaphat, cette salle d'audience bien étroite pour les assises solennelles qui doivent un jour s'y tenir; le mont du Scandale qui a vu Salomon sacrifier aux idoles, celui du Mauvais-Conseil où les juifs délibérèrent d'en précipiter Jésus-Christ; enfin, à l'horizon, le Jourdain, un coin de la mer Morte et les cîmes déchirées et tourmentées des montagnes qui l'entourent.

Un autre sentier aussi raide, aussi pierreux que le premier, ramène rapidement à la vallée de Josaphat, pavée littéralement des pierres tumulaires des Juifs : ils craignent, sans doute, de ne pas arriver à temps pour entendre leur condamnation. Entre elles se distinguent plusieurs beaux monuments taillés dans le roc vif et d'une antiquité incontestable; on a cru y reconnaître les tombes des prophètes, celles d'Absalon, de Josaphat, de saint Jacques et de Zacharie. En côtoyant encore le lit aride du Cédron, on passe devant Siloam, gracieux village à demi-creusé dans le roc, à demisuspendu au flanc du rocher. Parmi ses maisons s'aperçoit un petit temple monolithe en pierre jaune, consacré au dieu Molok par le sage Salomon, tombé dans l'idolâtrie. Quelques pas plus loin, dans la vallée, un étroit et profond escalier conduit à la source où, selon une pieuse croyance, la Vierge-Mère venait laver les langes de son divin enfant. Près de là se trouvent la fontaine de Siloë, sanctifiée par la guérison de l'aveugle-né, et celle de Job, d'où l'on jouit d'une belle vue sur la gorge solitaire qui termine la vallée.

Si l'on sort de Jérusalem par le côté opposé à la vallée de Josaphat, tournant à droite après avoir passé sous la porte de Damas, la plus ornée et la plus gracieuse de forme des sept portes de la ville, on longe alors, dans un site sauvage, une partie des murs d'enceinte appuyés sur le roc vif. C'est là, près des débris des anciens fossés, qu'une ouverture basse et étroite donne accès aux cavernes royales, vastes carrières où furent taillées les pierres du temple de Salomon. L'empreinte de la pique y est restée partout ; des piliers, ménagés dans le rocher presque blanc, soutiennent de vastes salles qui se croisent et se prolongent bien avant sous terre ; les reflets des torches qui s'agitent dans cette obscurité ont quelque chose d'étrange et de fantastique.

Un chemin rocailleux toujours, mais ombragé par quelques groupes d'oliviers centenaires, mène à la grotte de Jérémie, aux tombeaux des rois et à ceux des juges. Ces derniers, bien conservés, donnent une idée très précise de la distribution, toujours semblable, des hypogées juifs aux premiers siècles. Quelques marches conduisent à une porte basse taillée dans le roc, qu'une meule appuyée sur une rainure servait à dissimuler. Un étroit corridor, fermé d'une seconde porte en pierre, aboutit à une espèce de vestibule, d'où partent trois couloirs dans lesquels on ne pénètre qu'en rampant ; ils débouchent chacun dans une pièce destinée à recevoir des sarcophages ; on y voit les banquettes et les fours disposés à cet effet et variant de un à trois.

II

Les souvenirs chrétiens ne sont pas les seuls que conserve Jérusalem. Il faut visiter la mosquée d'Omar, sanctuaire révéré des Musulmans et longtemps interdit aux chrétiens. Les portes nous en sont ouvertes grâce à l'obligeance du consul de France, M. de Barrère, vrai bas-breton par la foi, par l'enthousiasme et encore par la longue chevelure. La mosquée occupe exactement l'emplacement du temple de Salomon, et les légendes mahométanes s'y mêlent singulièrement aux traditions bibliques. Sa vaste enceinte, fermée par des constructions, est semée d'oliviers et de cyprès qui ombragent divers petits oratoires ou monuments, entre autres la fontaine des amoureux. Au centre, sur une large plate-forme pavée, s'élève un ample sanctuaire octogone, revêtu extérieurement de faïence aux couleurs brillantes et orné à l'intérieur de mosaïques à fond d'or, dont des verrières coloriées rehaussent encore l'éclat et la richesse. Une

haute coupole, que supporte une colonnade du plus beau
vert antique, plane directement au-dessus d'un immense et
anfractueux rocher contrastant par sa nudité avec la somptuosité du temple. Cette roche n'est autre que le sommet du
mont Moriah. Consacrée d'abord par l'holocauste d'Abraham,
puis par le sacrifice expiatoire de David, elle était au temps
de ce roi l'*aire d'Arcuna*. Salomon, respectant ce souvenir,
mit le lieu qui le rappelait dans le *saint des saints*, et en fit
l'autel des holocaustes; il est resté l'objet de la profonde
vénération des musulmans qui le regardent comme le point
d'où s'est opérée l'ascension de Mahomet. Leurs traditions
ajoutent qu'à ce moment la roche s'élança dans les airs pour
y suivre le prophète, mais qu'ému de pitié pour le genre
humain menacé de perdre le fruit des prières de soixante-dix
mille anges commis à la garde de la pierre sacrée, l'archange
Gabriel s'y cramponna — l'empreinte de ses doigts est
encore visible — et la retint suspendue dans l'espace. Depuis
lors elle s'y maintient en équilibre, quoique les yeux des
profanes la voient adhérer au sol. Cette roche s'abrite en
entier sous une large draperie rouge, souvenir de la tente
que Dieu donna à Adam lorsque le premier homme retrouva
sa compagne Ève auprès de la Mecque, après une séparation de cent ans. Sous la roche est une chambre souterraine, et plus bas un puits profond par où jadis le sang
des victimes s'écoulait jusqu'au Cédron, mais qui, pour les
Mahométans, est la porte de l'enfer. Leur foi facile révère
particulièrement, dans cette chambre, les *mihrabs* ou chaires
de prières d'Abraham, de David, de Salomon et de saint
Georges; ils la donnent aussi pour demeure à la mère de
Jésus et à celle de Mahomet, occupées l'une et l'autre à tisser
les vêtements des justes. Selon leurs légendes encore, une
pierre de forme singulière, conservée dans la mosquée, est
la selle d'Elborack, jument de l'ange Gabriel, et les veines
d'une dalle de marbre représentent l'oiseau favori de
Salomon, le *hulhul* qui, fier de sa faveur, ayant osé ne

point mêler sa voix au concert de louanges de toutes les créatures à la vue du temple, trouva dans cette transformation le châtiment de son irrévérence.

Une pierre parsemée de clous dorés marque, pour les musulmans, la durée du monde. Mahomet lui-même les y a enfoncés de manière qu'à la fin de chaque siècle un clou se détache et va consolider le trône d'Allah. Il en reste trois encore, la disparition du dernier sera le signal de la consommation des siècles. A ce moment les mérites des hommes seront pesés dans une balance que les croyants aperçoivent dans les profondeurs du firmament, au-dessus d'une petite chaire de marbre blanc délicieusement sculptée. Le jugement se prononcera sur un fût de colonne renversée, braqué déjà comme un canon au-dessus de la porte dorée. Le Christ y siégera, Moïse et Mahomet lui présenteront leurs adeptes, et la redoutable sentence prononcée, les âmes seront invitées à suivre un fil imperceptible conduisant au paradis. Les pauvres condamnées tomberont dès le premier pas dans l'abîme, tandis que les âmes reconnues justes par les prophètes sortiront victorieuses de cette épreuve gymnastique. Peut-être trouverait-on l'origine de cette légende dans le souvenir du pont qui, jadis, reliait Sion au mont du Scandale et duquel le bouc émissaire, chargé des iniquités d'Israël, était précipité dans le ravin.

Devant la mosquée d'Omar est un joli dôme aux colonnettes sveltes et gracieuses. C'est là, disent les Musulmans, que David, le vicaire de Dieu, rendait la justice, et la tâche lui était facile, car une chaîne rattachée au ciel lui servait d'épreuve : le juste touchait impunément l'anneau sacré, au lieu qu'il restait entre les mains du prévaricateur. Le nombre des coupables explique la diminution successive, puis la disparition de cette chaîne merveilleuse. L'enceinte du temple comprend la porte dorée, murée maintenant parce que, selon une croyance populaire, c'est elle qui doit livrer passage aux chrétiens victorieux. Près de là se trouve

une voûte soutenue par quatre piliers énormes que Halda,
la prophétesse, apporta sur son épaule, dit une chronique.
Un petit dôme voisin recouvre le trône où mourut Salomon
et qui est l'objet d'un culte craintif. Plus loin, près de la
porte du Sud, sont deux grands passages souterrains, à
double nef, dont l'antiquité hébraïque semble incontestable.
Salomon peut-être, Hérode tout au moins en a fait tailler
les immenses assises en bossages, de même que les quinze
rangées de colonnes qui forment un second étage de voûtes;
elles sont destinées à soutenir une vaste terrasse artificielle,
complément de l'esplanade du temple. La mosquée d'El-Aksa,
jusqu'où se prolonge cette esplanade, ne saurait renier son
origine chrétienne; bâtie par Justinien sous le nom d'église
Sainte-Marie, elle échut en partage aux Templiers qui y
adossèrent la salle de leur conseil. Sept nefs ogivales,
séparées par de hautes colonnes de marbre, formaient cette
basilique. L'islamisme l'a badigeonnée à la chaux, mais en
revanche il l'a décorée d'un member de bois sculpté avec
une délicatesse extrême; il l'a dotée, en outre, de légendes
merveilleuses, entre autres celles des deux piliers s'écartant
pour laisser passer le juste et se refermant sur le pécheur,
de la tombe des deux fils d'Aaron et du puits par lequel un
descendant du prophète pénétra jusqu'au paradis.

Une partie de l'enceinte extérieure du premier temple est
encore tracée par les colossales assises des constructions de
Salomon. C'est là que les débris de la race juive se donnent
rendez-vous tous les samedis pour pleurer leur ancienne
splendeur, gémissant en se balançant en cadence, rêvant
peut-être à la gloire de leurs destinées futures sous le
Messie triomphant qu'ils attendent toujours. Ce spectacle est
à la fois curieux et triste. Nulle part autant qu'à Jérusalem
la malédiction ne semble peser sur le peuple réprouvé; il y
est méprisé, bafoué, refoulé dans un quartier bas, sale,
infect, où se déversent tous les égoûts de la ville. Ses maisons, aux portes basses, inspirent un sentiment de répulsion,

et l'on ne sait si l'on éprouve dégoût ou pitié pour les fantômes qui y végètent. Belle juive du Cantique, qu'êtes-vous devenue? Que diriez-vous des filles de votre nation au dix-neuvième siècle?

Les environs de Jérusalem ont aussi des sites consacrés par la présence du Christ et des siens, tels, à Saint-Jean du Désert, l'emplacement de la maison de sainte Élisabeth et de la Visitation, cette première manifestation de l'Homme-Dieu dès avant sa naissance; et près de là, dans une position extraordinairement sauvage au flanc d'un rocher à pic, la grotte où le saint Précurseur ne passa guère moins de trente ans à se préparer pour son saint ministère. Un couvent de franciscains et une maison des filles de Sion sont établis en ce lieu, l'un des plus maussades et des plus tristes de la Palestine.

En revenant à Jérusalem, nous passons devant le couvent grec de Sainte-Croix. Là s'élevait l'arbre dans lequel fut taillée la croix. Suivant la tradition, Dieu s'étant manifesté à Loth coupable et repentant, lui donna trois branches : de figuier, de noyer et de chêne; il lui commanda de les planter à cet endroit et de les arroser avec l'eau du Jourdain, lui promettant, en signe de pardon, de les faire reverdir quand le moment serait venu. Les rameaux poussèrent, en effet, et leurs essences se confondirent. Salomon, lors de la construction du temple, épargna l'arbre de l'expiation, qui devint la croix du Christ.

Un affreux sentier, pompeusement décoré du nom de route, mène en deux heures de Jérusalem à Béthléem. Le pays est varié sinon joli, et l'intérêt est soutenu par les souvenirs bibliques que l'on rencontre chemin faisant : le puits où l'étoile se montra de nouveau aux rois mages, le couvent grec de Mar-Elias, où le rocher conserve encore l'empreinte du corps du prophète Élie qui s'y reposa en fuyant la colère de Jézabel, enfin la tombe où Rachel trouva le repos et la consolation qu'elle avait refusés pendant sa vie.

Béthléem se résume en un seul mot : la crèche. C'est le soir surtout, à la lueur des cierges, dans le silence et le recueillement, qu'il faut s'agenouiller dans cette grotte vénérée. Un escalier sinueux et étroit y conduit ; les parois du roc ont conservé leur nudité et en parlent d'autant mieux à l'âme que pénètre une douce émotion ; on voudrait prier longtemps dans ce sanctuaire béni, sous l'enfoncement de la crèche, auprès de cette étoile d'argent qui porte gravé : *Hic natus Christi*. D'autres souvenirs pieux se groupent sous la protection du divin berceau : ici la retraite où se tenait saint Joseph ; là, la citerne qui servit de tombeau aux saints Innocents, touchant rapprochement entre deux prémisses du grand drame ; plus loin l'oratoire de saint Jérôme non moins illustre par l'austérité de sa pénitence que par ses admirables écrits, la tombe de sainte Pélagie et celle qui renferme, réunies, les cendres de sainte Paula et de sa fille sainte Eustochia. Un portrait des deux saintes les représente mortes déjà, mais quelque chose de céleste resplendit sous leurs traits glacés.

A quelque distance de la ville, on révère une grotte où la sainte Vierge se reposait souvent en nourrissant l'Enfant Jésus. Quelques gouttes de lait s'y répandirent, et aussitôt les parois et le sol devinrent blancs ; depuis lors les fragments que les femmes y recueillent ont à leurs yeux une vertu merveilleuse qui vaut à leurs nouveaux-nés un lait plus abondant ; un petit sanctuaire consacre ce souvenir. Du plateau où il est situé on jouit d'une vue ravissante sur le village des Pasteurs, sur le coteau boisé où ils veillaient leurs troupeaux au moment où les anges leur apparurent ; sur le champ de Booz, théâtre de la touchante histoire de Ruth ; sur le couvent des franciscains et sur Béthléem, jolie ville de quatre mille habitants, tous chrétiens. Ses maisons propres, blanches, gracieuses, s'étagent coquettement sur le revers de la montagne, et les Béthléémites contribuent à les embellir. Dans leur jeunesse, elles sont presque toutes charmantes. Douées d'une grande fraîcheur et de beaux yeux noirs, au regard doux et triste, elles se drapent à ravir, dans un voile blanc qui encadre leurs traits sans les cacher et qui, rejeté en arrière, laisse voir leurs corsages rouges brodés, leurs jupes aux couleurs vives et les chapelets de pièces d'or et d'argent dont elles ornent leurs cheveux, leurs bras et leur cou. Ce costume est en vérité très élégant : on ne sait s'il embellit les jeunes filles, ou s'il reçoit d'elles sa grâce. Quoiqu'il en soit, c'est une rare exception en Orient, et on est heureux de la constater.

La pluie, le froid et la neige nous ont interdit Hébron, mais nous ne quitterons pas la Palestine sans saluer le Jourdain. Dans ce but, nous sortons de Jérusalem par la porte de Jaffa, d'où un sentier escarpé descend à la fontaine de Job. La vallée du Cédron aride, sans compensation, près de Jérusalem, devient imposante quelques lieues plus loin. D'immenses rochers à pic, déchirés et tourmentés, la dominent, et la route en corniche qui les gravit lentement, aboutit au couvent de Mar-Saba construit par les Grecs en l'honneur de saint Saba, pieux cénobite du quinzième siècle, qui vivait dans une caverne à l'extrémité de cette vallée solitaire. Les moines le regardent comme leur fondateur, et les nombreux présents qui lui sont offerts font de ce sanctuaire l'un des plus riches de la Syrie. La disposition intérieure du monastère offre, paraît-il, un curieux dédale d'escaliers, de couloirs, de constructions, de cellules taillées dans le calcaire ; mais la règle, farouche ou prudente, en interdit sévèrement l'entrée aux femmes. Un palmier planté dans une cour, par saint Saba, semble cependant leur être dédié par les vertus fécondantes qu'on attache à ses fruits : si on leur permettait de venir les cueillir, la légende pourrait avoir raison, car ces moines jouissent d'une assez mauvaise réputation.

De Mar-Saba à la mer Morte, le chemin traverse des ravins et des montagnes d'une nature volcanique, déserte, dénudée, triste et pourtant empreinte d'une certaine grandeur et d'une sorte de beauté sauvage. De temps à autre, un bédouin à cheval, symptôme du voisinage de quelque tribu nomade, apparaît un moment sur une cime, puis s'élance au grand galop sur la pente escarpée. Sous la protection d'un cheik bédouin, à qui nous avons payé rançon, et d'une escorte de soldats turcs, nous nous rions de ces alertes, tout en nous tenant sur la défensive ; et le soir, auprès des feux du bivouac, nous assistons aux danses des bédouins qui s'ébattent à grands renforts de cris et de gestes, avec intermèdes de pistolets et de sabres.

Les eaux de la mer Morte, limpides, transparentes, trompeuses, font naître par leur vue attrayante une soif que leur saveur saumâtre ne peut qu'irriter, loin de la satisfaire. Pas un être vivant ne se montre dans ses flots ou sur ses bords ; partout où atteint son écume la végétation disparaît, tout ce qu'elle touche meurt.

Les rives du Jourdain, au contraire, sont vertes, riantes, ombragées, pleines de fraîcheur. La fontaine d'Élisée est aussi une charmante oasis : ses eaux, depuis que le prophète en corrigea l'amertume en y jetant une poignée de sel, coulent en murmurant dans la plaine de Jéricho. De cette ville point ou peu de souvenirs, sauf une tour dont la tradition fait la maison de Zachée, et qui sert actuellement de corps-de-garde. Les ruines d'un couvent et de quelques aqueducs se montrent à demi dans de jolis massifs de l'arbre qui porte le baume. La plaine de Jéricho est fermée par le mont de la Tentation et celui de la Quarantaine. Malheureusement les grottes, dont on aperçoit l'orifice, sont à peu près inaccessibles ; celle de la retraite de Notre-Seigneur avait été transformée en sanctuaire par les franciscains, mais des accidents nombreux et graves l'ont fait abandonner aussi.

Pour regagner Jérusalem il faut affronter de nouveau le dangereux passage de montagnes arides et pierreuses. On y rencontre une fontaine, celle des Apôtres; une foi, un peu trop ardente peut-être, y a placé la parabole du bon Samaritain. On traverse aussi Béthanie, joli village où l'on voudrait trouver plus de vestiges certains de Lazare et de ses sœurs : à peine un souvenir pieux désigne-t-il la maison de Marthe et Marie et le tombeau de leur frère.

Vingt jours environ se sont rapidement écoulés dans ces pieuses et émouvantes recherches; ils compteront dans ma vie par les profondes impressions que j'emporte plus que par leur courte durée dans le temps. Mais ce n'est point par le nombre des jours qu'il faut mesurer la vie, c'est par l'aliment qu'elle donne à notre intelligence, par la nourriture forte et substantielle dont notre âme a besoin. Tel a plus véritablement vécu dans l'espace de quelques heures que d'autres durant des mois entiers de cette existence factice et stérile où le monde avec ses exigences ne laisse de place qu'à la vanité et aux plaisirs frivoles. Je remercie Dieu de m'avoir permis de puiser à une source plus vivifiante, je lui rends grâce de m'avoir amenée sur cette terre féconde en prodiges, qui conserve en traits ineffaçables les marques de sa miséricorde et l'arrêt de sa justice. Puisse sa protection continuer à s'étendre sur nous, car nous ne sommes pas au bout de notre entreprise. Damas, Constantinople nous réclament encore, et la Grèce au retour, c'est-à-dire les contrées qui parlent le plus à l'imagination, et les sites où l'horizon des yeux passe pour avoir le plus de magnificence. Le temps presse, allons, il faut partir.

III

DAMAS

1er Mars 1863. — Nous disons adieu à Jérusalem, et du haut de la montagne voisine nous donnons un dernier coup-d'œil à la ville sainte, dont la tristesse désolée se mêle à un souvenir de grandeur qui pénètre l'âme et y laisse une douce mélancolie.

Pendant les deux premières journées de marche, la route côtoie des torrents desséchés et serpente à travers de laides montagnes d'une aridité qui donne soif. Le village de Béthel, où la sainte Vierge s'aperçut de la disparition de l'enfant Jésus, est un campement maussade, et le puits de Jacob, à quelques lieues plus loin, ne rappelle guère le paysage gracieux dont l'entourent les peintres. C'est là que Jacob vit dans son sommeil l'échelle mystérieuse où des anges montaient et descendaient, et que, pour consacrer la mémoire de sa vision, il changea le nom de Luza que portait ce lieu en celui de Béthel, c'est-à-dire maison du Seigneur. Ce souvenir biblique s'est fondu dans la touchante histoire du Christ et de la Samaritaine dont la fontaine a pris le nom. Un peu au-delà, la vallée s'élargit, s'égaie et se couvre d'arbres au milieu desquels surgit gracieusement Naplouse avec ses murailles crénelées et ses rues coupées d'arceaux et de voûtes. Cette ville, l'ancienne Sichem si souvent mentionnée dans la Bible, s'adosse fièrement au mont Garizim choisi par les Samaritains, en haine de Sion, pour offrir leurs sacrifices. Elle est entourée d'une ceinture d'oliviers centenaires sous lesquels un ruisseau fuit en murmurant. On voudrait y laisser longtemps sa tente, il faut la lever dès l'aube cependant. Nous rentrons dans Naplouse pour y admirer le portique de l'ancienne église des croisés, qui rappelle celui du Saint-Sépulcre, et voir, dans la synagogue, le célèbre manuscrit du Pentateuque tracé en caractères hébraïques, au lieu que le texte d'Esdras rétabli après la captivité est en caractères syriaques. Prétendre que ce manuscrit est de la main de Moïse, comme on nous l'a dit, c'est ce que de plus habiles que moi ont à décider. Nous nous acheminons ensuite vers Samarie, la ville du schisme, l'implacable ennemie de Jérusalem. Les ruines d'une église romaine y consignent le souvenir de la décollation de saint Jean-Baptiste; et l'on retrouve, au sommet de la montagne, la plupart couchés dans le sable, les restes de nombreuses colonnes de granit qui jadis conduisaient au temple de Baal par une avenue triomphale.

En quittant Samarie, nous traversons la plaine d'Esdrelon, entourée de montagnes verdoyantes, bien arrosée, bien cultivée, triste pourtant par son silence et le manque complet d'animation. C'est là, près du puits de Dothan, que Joseph fut vendu par ses frères. Nous passons à Djénin, et à mesure que nous approchons de Nazareth, des bois d'oliviers aux troncs noueux ajoutent la tristesse de leur feuillage terne et gris à celle du paysage. Bientôt la route escalade des pics nus et dévastés, du sommet desquels l'œil

embrasse un panorama étendu mais monotone. Enfin, à un
détour du sentier, Nazareth se montre tout à coup avec ses
maisons blanches qui s'étalent en gradins sur la côte et
s'encadrent dans d'épaisses haies de cactus et de figuiers.

5 Mars. — Nazareth compte plusieurs fondations reli-
gieuses; malheureusement elles n'ont pu sauver les vestiges
du passage du Christ de l'effacement presque complet où ils
sont aujourd'hui. Une chapelle délabrée remplace la syna-
gague où Jésus donnait son enseignement. De l'atelier de
saint Joseph il ne reste rien; de la maison de la sainte
Vierge, transportée par les anges à Lorette vers la fin du
treizième siècle, nous dit-on, il y a du moins l'emplacement
renfermé dans l'église des franciscains. Là se trouvent
aussi des grottes qui faisaient partie de l'habitation de la
Sainte Famille, et conservent le souvenir des humbles soins
de ménage auxquels elles étaient consacrées. C'est dans
l'une d'elles, selon la tradition, que se passa la grande scène
de l'Annonciation. Les franciscains élèvent également un
sanctuaire autour d'un bloc de rocher où Notre-Seigneur
prenait son repas avec ses premiers disciples. Les Grecs
possèdent un riche oratoire tout contre le puits près duquel
l'ange, disent-ils, apparut à la Vierge. Cette fontaine, qui
s'écoule extérieurement dans un réservoir, nous offre le
gracieux tableau de jeunes filles, au type sérieux et au costume biblique, qui viennent chaque soir y puiser de l'eau
dans des urnes de forme antique.

6 Mars. — L'ascension du Thabor est pénible, mais
sans danger, et l'on trouve une large compensation de cette
fatigue dans le magnifique panorama dont on jouit à son
sommet; car cette montagne, arrondie comme une bosse de
chameau, dresse superbement sa tête au-dessus de tous les
pics voisins qu'elle domine. Sa cime est semée de débris de
constructions appartenant à tous les âges, sans omettre l'ère
romaine; de vieux arbres les ombragent, et le touriste est
tenté de s'écrier comme les Apôtres : « Il fait bon ici, demeu-
rons-y. »

De Nazareth à Tibériade par le Thabor, la route est inégale et monotone ; mais soudain, en arrivant sur un dernier
plateau, la mer de Galilée nous apparaît comme par magie,
ajoutant à la beauté du spectacle le charme de la surprise.
Nous voyons à nos pieds toute la vallée de Tibériade, son
lac paisible et bleu, la ville y mirant sa forteresse ruinée,
ses vieilles murailles grises et ses maisons blanches ; puis de
l'autre côté les montagnes s'étageant au-dessus de la plage,
et à l'horizon les neiges éternelles du grand Hermon. C'est
un coup-d'œil un peu triste à cause du manque de mouvement, mais bien grand, bien beau, que l'on n'oublie plus
et que l'on voudrait écrire au pinceau parce qu'il échappe
à la plume. A part ce prestige, Tibériade n'a que l'attrait
des souvenirs qui s'attachent à son nom. Les Juifs de
tous les pays s'y donnent rendez-vous et y présentent le
curieux assemblage de leurs costumes variés. D'après leurs
croyances, c'est à Tibériade que doit naître le Messie, et
ils veulent placer leurs tombes sous la protection de son
berceau.

En revenant par la ligne directe à Nazareth, nous gravissons le mont de la Multiplication des pains et celui du
Sermon des béatitudes. Toute cette route est maussade et
ennuyeuse ; le souvenir des noces de Cana, dont on traverse
le bourg, ne suffit pas à l'égayer ; mais on en prise mieux,
le lendemain, les belles plaines qui séparent Nazareth du
Carmel. Cette montagne célèbre a donné son nom aux religieux qui l'habitent depuis plus de quatorze siècles ; elle
joint à son admirable position sur la mer l'illustration de
l'hôte vénéré qu'elle a reçu dans les temps anciens, le prophète Élie, dont on croit qu'elle a été la retraite, et à qui
les moines font remonter la fondation de leur aire.

9 Mars. — Kaïffa est située au pied du Carmel. En
dépit de son origine phénicienne, rien n'y peut maintenant
éveiller la curiosité, et l'on a hâte de gagner la belle plage
sur laquelle se brisent les vagues de la Méditerranée. Nous

la suivons jusqu'à Saint-Jean-d'Acre, charmante petite ville,
aux souvenirs nombreux : ceux des Phéniciens, des Grecs,
des croisés, de Philippe-Auguste surtout, dont le nom la
rend chère aux Français, ceux encore des hospitaliers de
qui le palais en ruines sert aujourd'hui d'hôpital, et finalement de Bonaparte qui vit pâlir pour la première fois,
sous ses murs, son étoile triomphante. Par malheur, le
bombardement de 1840 détruisit aux trois quarts une belle
mosquée de style mauresque aussi riche en sculptures que
légère de formes.

10 Mars. — Tyr, Sour en arabe, n'offre plus que de
faibles traces de son ancienne splendeur : à peine quelques
colonnes de granit renversées et à demi-enfouies, une tour
ruinée à l'entrée du port et un pan de l'église de Saint-Jean
des Croisés.

A Saïda, l'ancienne Sidon, il reste peu de choses aussi.
Les ruines d'un château de Saint-Louis s'encadrant dans un
bois d'orangers, et le palais des Templiers placé sur un
écueil battu des flots et relié à la terre par un pont de dix
arches, c'est à peu près tout ce qui vaut la peine d'être
cité. Cette route de quatre jours entre le Carmel et Beyrout
est pleine de magnificence. Tantôt on chevauche sur le rivage, tantôt on escalade de hautes falaises, celle du cap
Blanc entre autres, tantôt on passe à gué de jolies petites
rivières. D'anciens aqueducs et des hypogées phéniciens,
particulièrement ceux d'Ornithopolis, allument la curiosité,
et le paysage tour à tour imposant ou gracieux est plein
d'attrait toujours.

12 Mars. — Beyrout est une jolie ville, mais une ville
moderne. Seules, deux vieilles tours posées dans la mer,
comme des gardes avancées, y parlent encore des croisés.
Il y faut donc, oubliant le passé, n'admirer que sa position ; la
part est belle encore. Elle s'étage sur un promontoire contre
lequel se brisent les vagues si bleues de cette mer incomparable ; des villas nombreuses se dessinent dans des massifs

de verdure, et la chaîne du Liban lui forme une splendide couronne. Au résumé, Beyrout est une ville charmante, mais le cachet oriental s'y efface graduellement sous les envahissements de l'Europe.

La plage nous attire toujours, on ne se lasse jamais de voir la mer ! Nous la côtoyons cette fois sur une ancienne route romaine taillée dans le roc et bordée d'inscriptions phéniciennes. Nous passons à gué le Nahr-el-Kalb (fleuve du Chien), car son antique pont nous inspire peu de confiance ; puis, laissant derrière nous de vieux aqueducs ornés comme à plaisir de festons de plantes grimpantes, nous remontons jusqu'à la source du fleuve par un sentier raide, difficile, dangereux même. Mais tout cela est vite oublié en présence d'immenses grottes d'où l'eau s'élance en jaillissant. La beauté grandiose et sévère des montagnes profondément accidentées de l'anti-Liban captive notre admiration, et même un peu trop longtemps, car la nuit nous surprend. Un guide novice nous égare ; de là, hésitations, chutes, marches et contre-marches, retards prolongés, et au retour nous trouvons en grand émoi ceux que nous avions laissés au logis.

La nouvelle route de Beyrout à Damas gravit péniblement les pentes du Liban dont le sommet couronné de neige contraste avec un soleil chaud et ardent. La vue plane d'abord sur Beyrout et la mer, puis elle embrasse la vallée du Liban et la chaîne de l'anti-Liban. La descente est longue et tortueuse, néanmoins les voitures s'y hasardent. Des diligences dans le Liban ! Les chevaux heureusement restent à qui les préfère. Nous suivons, dans la vallée, une route verte et unie qui passe, à Ma'Allaka, devant un informe et long monument décoré par les Arabes du nom de tombeau de Noé, et aboutit à Balbek. Deux petits temples assez bien conservés nous préparent à l'admiration qu'impose l'ancienne ville du Soleil. Le campement dans ses ruines même est plein de poésie, de cette poésie triste, propre à tout ce qui fait

songer aux temps qui ne sont plus. Ces ruines sont presque
toutes groupées dans une immense enceinte où l'on parvient
par deux vastes souterrains d'un aspect imposant à la lueur
des torches. Balbek est moins écrasant peut-être que Karnak,
mais il semble plus complet et me plaît davantage. Les pierres
cyclopéennes de l'enceinte — quelques-unes mesurent jusqu'à vingt mètres de long — rappellent les temples égyptiens,
et les sanctuaires offrent, dans leurs colonnes, dans leur
plafond surtout, des détails de sculpture d'une richesse et
d'un fini plus merveilleux encore. Plusieurs de ces temples
et leurs cours intérieures sont fort dégradés; mais l'ensemble des ruines conserve l'empreinte d'une beauté et
d'une grandeur contre lesquelles s'émoussent les efforts des
siècles. De jolies filles au voile blanc, à la pose gracieuse,
au frais sourire, viennent réclamer un *bachich* avec les plus
séduisantes agaceries; elles errent dans les temples comme
des fantômes qu'on ne fuit pas. Plus inexorable, le temps
fuit et nous entraîne avec lui.

Après avoir surmonté la première chaîne de l'anti-Liban,
aride et affreuse, nous arrivons à la jolie plaine de Zebdani
pour rentrer ensuite dans les montagnes; mais elles deviennent pittoresques et grandioses. Au fond d'une gorge
profonde le Barada se précipite, en écumant, de rochers en
rochers; nous le franchissons sur un vieux pont de pierre
d'une seule arche, et le côtoyons par un sentier en corniche,
tâchant d'oublier la déception de ne pouvoir saluer les
cèdres encore enfouis dans la neige. Bientôt nous atteignons
les hauteurs de Dammar; le chemin contourne le rocher, et
soudain la vallée de Damas nous présente un coup-d'œil
vraiment féerique; la ville, avec ses minarets et ses coupoles,
se détache sur une riante ceinture de verdure et de fleurs,
fraîche oasis qui forme un contraste charmant avec les
chaudes teintes du désert qui l'entoure. Des lacs s'aperçoivent
au loin et le sommet des montagnes de Palmyre se perd dans
les teintes vagues et bleuâtres de l'horizon où blanchissent
encore les neiges du Grand-Hermon.

24 Mars. — Damas est certainement une des villes les plus curieuses de l'Orient, dont elle a conservé le style, le cachet et les costumes dans toute leur pureté. L'Europe est exclue de ses bazars couverts, ses mosquées sont nombreuses, et leur entrée sévèrement interdite aux profanes ; ses khans offrent leur abri aux caravanes marchandes, ses bains sont revêtus de faïences aux couleurs éclatantes, enfin ses maisons, peintes et sculptées, ont une empreinte uniforme et particulière. En voici les dispositions intérieures, assez ordinairement les mêmes : un étroit couloir donne accès à une cour ombragée, pavée de marbres et rafraîchie par des fontaines coulant dans des vasques de marbre ; de grandes pièces élevées, couvertes de tapis et garnies de divans, s'ouvrent sur cette cour, et rien ne saurait égaler la richesse de décorations qui y est prodiguée : ce n'est que boiseries découpées, dorées, rehaussées d'incrustations de nacre et de glaces, plafonds et rosaces peints et sculptés, murailles couvertes d'arabesques, etc. On se croirait volontiers revenu au temps des mille et une nuits, alors que Damas était la capitale de l'Islam.

Quelques alertes, une razzia et un semblant de massacre assez récent, interdisent les excursions ; mais le consul de France, M. Hecquart, s'empresse à nous faire les honneurs de la ville. Il nous initie à la musique et aux danses arabes, et nous ouvre les maisons de quelques familles juives chez qui les femmes conservent la beauté du type de leur race. Un mariage nous y permet de voir toute la richesse de leurs costumes, et les cérémonies qui l'accompagnent ne nous intéressent pas moins. En l'absence d'Abd-el-Kader, en pèlerinage à la Mecque, nous obtenons, ma mère et moi, l'entrée de son harem dont la décoration est fort simple. Sa première femme, la seule compagne de sa captivité, y règne toujours en souveraine ; mais il en a plusieurs autres entre lesquelles je remarque une Circassienne et une négresse vraiment jolies. Les femmes de ses fils se groupent aussi

autour de nous avec leurs enfants qui portent aux jambes
des bracelets ornés de grelots. On éloigne de nous cependant
un fils d'une douzaine d'années, souvenir de l'exil de son
père en France, de peur que dans ses traits nous ne recon-
naissions la mère qui est de noble race, dit-on.

Notre curiosité s'attache aussi sur une femme étrange,
bien belle encore malgré ses soixante ans, et dont la destinée
est un tissu d'aventures singulières. Née comtesse d'Egby,
elle a été tour à tour et par sa volonté : lady en Angleterre,
baronne en Allemagne, comtesse en Grèce, sans parler
d'entr'actes moins officiels mais plus nombreux. De chute
en chute, de divorce en divorce c'est-à-dire, elle est arrivée
à se faire aimer du scheik d'une tribu bédouine, qui l'a
épousée et emmenée sous sa tente. Sera-ce le dernier épisode
de son roman? Naguère le sultan lui a fait offrir un mari
plus brave et plus beau, dans le cas où Manouel ne saurait
pas monter à cheval pour lui reconquérir avec son sabre les
chamelles qu'on lui a prises et qu'elle réclamait par voie
diplomatique.

Le quartier chrétien ruiné, pillé, brûlé, gisant dans les
cendres, offre un spectacle navrant. Le feu et le fanatisme
ont remplacé par des ruines un tiers de la ville, contenant
vingt et quelques mille individus ; les établissements et les
églises des franciscains, des lazaristes et des sœurs de
charité sont anéantis ; les franciscains ont été égorgés sur
leur autel dont nous avons recueilli des fragments comme
de vraies reliques. La sécurité n'ose pas renaître, quelques
maisons à peine commencent à sortir de leurs décombres.
Le cœur se serre au souvenir de tant de massacres, et l'empreinte sanglante dont ces ruines sont marquées ne s'effa-
cera pas de longtemps.

29 Mars. — En quittant Damas, nous suivons une route
charmante qui, côtoyant une jolie rivière, serpente d'abord
à travers des vergers, puis s'enfonce dans des gorges déchirées, belles et horribles à la fois. Une tourmente de vent et

de pluie nous y surprend, l'ouragan se prolonge ; pendant
la nuit il arrache nos tentes et provoque une scène de confusion lamentable et comique tout ensemble. Le retour du
jour ne calme pas la tempête, nous sommes mouillés et
transis ; il faut se remettre en route néanmoins et traverser
le Liban. Aussi quelle piteuse rentrée à Beyrout !

5 Avril. — Nous sommes au soir de Pâques. Du pont de
l'*Adria*, nous disons adieu à Beyrout que le soleil inonde
de ses derniers rayons, et qui s'enfonce graduellement dans
les flots. Jusqu'à Rhodes la traversée est uniforme, car les
rives de l'île de Chypre ne laissent pas soupçonner la beauté
vantée de ses sites. Pour charmer nos loisirs, nous avons la
ressource d'épier les mœurs d'un harem qui voyage avec
nous. Alim-Pacha, le ministre nommé de la justice, se rend
à son poste à Constantinople, et il traîne ses femmes à sa
suite, sous la garde de grands eunuques noirs à la mine
farouche. Mes compagnons hommes sont tenus à distance,
en revanche j'obtiens mes entrées. Toutes ces femmes sont
de vraies enfants de quinze à dix-huit ans pour la plupart ;
elles passent leurs journées entières dans l'oisiveté, jouant
entre elles et se lutinant, buvant du café et des sirops,
grattant une sorte de guitare, faisant danser et chanter
leurs esclaves qu'elles ornent de leurs joyaux : une dame
de certaine importance, une *cadine,* dérogerait en se parant
elle-même de ses bijoux. Elles se promènent sous la garde
de ces mêmes esclaves et tâchent de tuer, de leur mieux, un
temps qui doit *quand même* leur paraître bien long. Elles
sont loin, à ce qu'il m'a semblé, du dévergondage dont on
les accuse ; mais sous la sauvegarde de leurs légers voiles, elles
jouissent de beaucoup plus de liberté qu'on ne le croit en
général, n'ayant plus à redouter les eaux du Bosphore qui,
jadis, vengeaient les maris trompés. Aussi parle-t-on à
Constantinople de maisons mystérieuses où de grandes
dames ennuyées guettent les passants derrière leurs balcons
et attirent ceux qui leur plaisent ; plus humaines que celles

de la tour de Nesle, elles permettent à leurs heureux élus de vivre..... et même de revenir.

Les femmes turques ne répondent pas à l'opinion que l'on aime à s'en créer. Les pachas, sans doute, les choisissent au poids, et, presque enfants encore, elles ne semblent déjà plus que d'informes masses à la démarche pesante et disgracieuse. Leur teint est d'une éblouissante blancheur, mais elles manquent de physionomie. Peut-être l'ignorance dans laquelle elles végètent ne permet-elle pas à leurs facultés de se développer complètement. Leurs yeux, agrandis par la peinture qu'elles leur appliquent, ont de l'éclat; mais ils brillent et ne reflètent rien. Leurs costumes sont négligés et sans grâce, cependant les couleurs claires en égaient l'ensemble, et elles se voilent juste assez pour faire ressortir leur beauté.

Les gendres d'Alim-Pacha et les officiers de sa suite nous amusent aussi; l'un d'entre eux, qui était naguère attaché à l'ambassade ottomane en France, nous raconte, dans un jargon fort drôle, ses impressions sur Paris, les aventures qu'il y a rencontrées et dans lesquelles il a éteint son fanatisme musulman. Le bal de l'opéra lui a plu spécialement, quoique son début n'y ait pas été heureux : son guide, quelque mystificateur sans doute, lui ayant persuadé qu'un simple remerciement répondait avec trop de froideur aux agaceries des dominos, enrichit son vocabulaire d'un mot qui, bien que prononcé sentimentalement, l'a fait huer et chasser.

Pendant que nous causons, le soleil se cache dans un ciel gros d'orages. Des trombes marines se dressent autour de nous, mues en tourbillon par le vent. Nous comptons jusqu'à neuf de ces colonnes d'air et d'eau qui relient le ciel à la mer : phénomène curieux à observer s'il n'était accompagné de trop d'émotion. Le capitaine en conçoit de vives alarmes qui se dissipent cependant ; la tempête s'éloigne sans nous causer de dommage, et l'aube nous montre la rade de Rhodes, cette île aux glorieux souvenirs.

Les instants nous sont parcimonieusement comptés et nous parcourons rapidement la rue des Chevaliers. Leurs écussons s'y détachent sur les sculptures des portes et des fenêtres. Le grand palais dresse encore fièrement sa double rangée de cloîtres en ogive; des armures sont toujours accrochées dans la salle d'armes, devenue arsenal; les tours, les forts, les portes d'entrée sont debout. Seule, l'église de Saint-Jean a disparu, entraînant dans sa chute les maisons voisines. En 1856, la foudre y tomba et détermina l'explosion d'une poudrière ignorée que les chevaliers avaient pratiquée sous leur cathédrale. Quelques jours à peine après notre passage, un tremblement de terre continuait cette œuvre de destruction en renversant la grande tour carrée qui défendait l'entrée du port, auprès des deux rochers à fleur d'eau, où les marins voient encore l'emplacement du colosse, septième merveille du monde.

En quittant Rhodes, nous naviguons entre une suite d'iles et de rochers, dont les formes et l'entassement me font parfois songer, toute comparaison à part, aux lacs agrestes et aux monts escarpés de la Suisse. Nous découvrons ensuite la ville de Smyrne au fond de son golfe, appuyée contre le mont Pagus que couronne un vieux fort génois. La vue d'ensemble est belle; mais de près, Smyrne, à peine entrevue du reste, ne me semble pas répondre à ce qu'elle promet de loin.

Ephèse n'a été pour moi qu'une mystification : un chemin de fer d'abord, puis une plaine autrefois couverte d'une ville qui a été célèbre, mais aujourd'hui semée à peine de quelques rares et informes débris parmi lesquels on cherche en vain ceux du temple fameux de Diane.

L'*Adria* chemine en vue de terre, il laisse derrière lui la triste et aride Troade et bientôt les Dardanelles au fond desquelles blanchissent les cimes de l'Olympe; puis, le soir venu, il entre dans la mer de Marmara pour nous ménager au réveil la surprise du Bosphore.

IV

13 Avril. — L'arrivée à Constantinople est éblouissante.
Le Bosphore ne saurait être trop vanté, il défie les exagé-
rations des voyageurs et surpasse les caprices de l'imagination. Comme bienvenue, un bal nous attend au palais de
France : l'ambassadeur veut compléter l'admiration par le
plaisir. Danser en présence des splendeurs de l'Orient, quel
contraste ! Il n'est pas à l'avantage des danseurs.

Le Bosphore est la merveille de Constantinople. De quelque
côté qu'on l'aperçoive, il est majestueux et magnifique. Ses
rives sont une suite de féeries qui se prolongent jusqu'à la
mer Noire. Tour à tour c'est le panorama de Stamboul et de
la Corne-d'Or, avec ses palais et ses minarets, les îles des
Princes, la tour de la Jeune Fille avec ses poétiques légendes
copiées sur celles de Héro et Léandre ; Péra, le quartier
franc et la tour de Galata qui le domine d'une hauteur
d'aigle ; Top-Hané avec sa fonderie de canons, sa mosquée

et sa fontaine si jolie ; Dolma-Baghtché, résidence habituelle
du sultan, surchargée des lourdes décorations du style turc
moderne ; enfin Scutari et son Champ des Morts, vaste forêt
de cyprès qui ombragent des pierres tumulaires pressées
les unes contre les autres, peintes, dorées, presque coquettes
et jolies. En Turquie, les tombeaux n'évoquent aucun souvenir triste, ils inspirent à peine une pensée grave : les
Orientaux entourent d'une sorte d'animation le champ du
repos éternel. Dans les cimetières, les hommes se promènent
en causant gravement, les enfants courent et jouent et les
femmes se rassemblent autour d'une tombe aimée pour
babiller, fumer, boire du café et croquer, du bout de leurs
jolies dents, les effroyables sucreries du pays.

Scutari et Kadï-Keui s'adossent au Boulghourlou, du haut
duquel on jouit d'une vue superbe sur Constantinople, la
mer de Marmara, le golfe de Nicomédie, les montagnes de
Brousse et l'Olympe qui termine l'horizon. En continuant
la promenade sur le Bosphore, on voit, c'est-à-dire on
admire sur la côte d'Europe : Orta-Keui et Bebeck, dont les
jolis palais de bois servent d'asile, en été, aux sultanes ;
Roumili-Hissar, imposante forteresse bâtie par Mahomet II
au sommet de roches escarpées. C'est de cette aire que s'é-
lança le croissant pour subjuguer Constantinople. En face,
sur la côte d'Asie, il ne reste que des ruines du château de
Guzel-Hissar que le même Mahomet avait construit ; elles
contrastent avec un beau palais de marbre blanc, tout neuf,
dont les terrasses s'avancent dans les flots. Un peu plus loin,
le mont Géant domine des collines qui s'abaissent pour
former un frais vallon verdoyant et gracieux, où le Gueuk-
Sou (ruisseau céleste) coule sous les arbres. La sultane
Validé, mère d'Abdul-Medjid, y a élevé un kiosque autour
duquel les paresseuses beautés des harems se réunissent en
été. Ce sont les Eaux-Douces d'Asie.

Thérapia et les palais d'été des ambassadeurs nous rappellent sur la côte d'Europe. Au-delà du golfe de Buyuk-Deré,

les rives du Bosphore se resserrent et empruntent leur
beauté sévère à des pics hardis, à des gorges profondes et
pittoresques, où la main de l'homme ne se fait pas sentir.
L'entrée de la mer Noire est gardée par des phares et défendue par les îles Cyanées, immenses rochers noirs qui se
dressent au milieu des flots et que la fable assigne pour
prison à Jason. Au-delà bleuissent les vagues de la mer, et
le regard, perdu dans un horizon dont il cherche en vain
les limites, emporte la pensée vers cet infini qui la captive
toujours sans quelle puisse le comprendre jamais.

Revenons à Constantinople que le Bosphore éclaire de
tous les reflets de sa beauté. Là, plus que dans aucune ville
de l'Orient, il faudrait vivre exclusivement par les yeux et
ne pas aborder de trop près ce qui cause leur juste ravis-
sement ; car les rues sont montueuses, obscures, humides,
infectes et semées, plutôt que pavées, de grosses pierres
inégales. Le sérail, si bien assis à l'extrémité de la Corne-
d'Or, est la demeure officielle du Grand-Seigneur et la
prison des femmes du sultan précédent, pauvres recluses
condamnées à un veuvage perpétuel. Il n'y a pas de palais
proprement dit, mais une série de pavillons ayant chacun
leur destination particulière : divan, bibliothèque, trésor,
salles de réception, de conseil, etc. Les jardins sont embellis
de kiosques légers et élégants, surtout celui de Bagdad,
charmante cage de bois, peinte et dorée selon les coquet-
teries du style persan. Dans les parterres fleuris qu'ombragent d'immenses cyprès, devant l'ancienne église de
Sainte-Irène transformée maintenant en arsenal, on montre
le tronc vermoulu d'un de ces arbres qui servait de point
de rendez-vous aux janissaires dans le temps de leur puissance. Tout auprès, trois beaux sarcophages et une colonne
à chapiteau corinthien, datant de Théodose, reportent la
pensée vers les anciens âges. En sortant du sérail par la
porte Bab-Eb-Umaioum, quelques anneaux fichés dans des
niches éveillent des souvenirs d'un autre ordre. C'est là

qu'étaient suspendues les têtes des pachas décapités. Comme s'il eût voulu donner un contraste à cette funèbre image, Achmet III a fait construire sur cette place une ravissante fontaine de marbre blanc rehaussé de dorures, aux toits retroussés en forme de pagode chinoise.

Enfin on arrive à Sainte-Sophie, mais ici, hélas! raconter est bien ingrat. Une couche de badigeon recouvre une grande partie des mosaïques d'or qui décoraient la basilique; mais la transformation que lui imposèrent les Musulmans n'a pu détruire la grandeur et la magnificence dont Justinien s'était plu à la revêtir. Elle a toujours sa coupole et ses galeries, ses colonnes de brèche verte apportées du temple de Diane à Éphèse, et celles de porphyre enlevées au sanctuaire de Jupiter à Balbeck. Tous ses chapiteaux sont des chefs-d'œuvre de marbre sculpté. Sainte-Sophie est riche aussi en légendes. Une colonne suinte perpétuellement par je ne sais plus quel privilége; une autre porte l'empreinte de la main sanglante de Mahomet-le-Conquérant; une fenêtre près du mihrab laisse pénétrer un air toujours frais, et une pierre transparente scintille avec un singulier reflet aux rayons du soleil. D'après une tradition venant d'une autre source, un prêtre qui célébrait la messe au moment de l'invasion, vit une porte s'ouvrir soudain; il s'y élança avec les vases sacrés, et le mur se referma sur lui; mais lorsque Sainte-Sophie sera rendue aux chrétiens la porte se rouvrira et le prêtre viendra achever le sacrifice interrompu.

Outre Sainte-Sophie, la plus riche des mosquées de Constantinople, l'islamisme y compte une foule de sanctuaires. Dans le nombre se distinguent : la mosquée d'Ahmed avec ses six minarets élancés, celle de Soliman-le-Magnifique, nommée la Suleimanieh et qui est ornée de belles verrières et d'innombrables coupoles; celle encore de Bajazet, où une dotation spéciale est consacrée à la nourriture de plusieurs milliers de pigeons, heureuse lignée d'un couple de ramiers

acheté à un mendiant par ce sultan charitable. Le turbé du
sultan Mahmoud renferme les tombes dorées, argentées,
enrichies de pierres et d'étoffes précieuses, de la famille
d'Abdul-Medjid.

Les bazars de Constantinople sont couverts, voûtés et d'une
rare magnificence. On y passe des journées entières à flâner,
pour dire le vrai mot, bien que non académique. La curiosité y trouve sans cesse un aliment nouveau, surtout au
Bézestein, grande rotonde où viennent s'étaler, de seconde
main, les riches armes, les curieux coffrets, les bijoux, les
anciennes porcelaines, les belles étoffes, toutes les curiosités
enfin de la vieille Turquie ou les défroques des harems en
faillite.

De l'antique Bysance il ne subsiste plus de trace, la ville
des Césars en offre davantage, entre autres, sur la place de
l'Atmeïdan, un obélisque en granit de Syène, apporté
d'Égypte par Théodose ; une pyramide murée ; la colonne
Serpentine, sur laquelle la pythonisse de Delphes rendait des
oracles ; un peu plus loin, les colonnes de Constantin, de
Marcien et d'Arcadius, toutes trois à demi-calcinées par les
incendies qui trop souvent dévastent Stamboul ; enfin l'aqueduc de Valens et plusieurs citernes parmi lesquelles on
remarque celle des mille et une colonnes, ainsi nommée
sans doute parce qu'elle n'en compte que 224, qui n'en
semblent pas moins une forêt pétrifiée enfouie dans le sol.
Les ogives qui les relient, en se perdant dans l'ombre d'une
permanente obscurité, sont d'un effet assez original.

A l'extrémité de Constantinople, du côté opposé à Péra,
se trouve le château des Sept-Tours, prison d'État fort
dégradée aujourd'hui, mais témoin à une autre époque de
bien des exécutions mystérieuses. C'est là qu'étaient ren-
fermés, comme mesure préventive, les ambassadeurs des
puissances en guerre avec la Porte. D'un côté, cette forteresse domine la mer, et de l'autre elle termine les murailles
de la ville, fortes jadis, crénelées et défendues par des tours

nombreuses, mais en ruines maintenant; elles ne protégent plus de leur ombre qu'un vaste cimetière où gît, oublié, le fameux Ali de Janina, de sanglante mémoire.

La promenade au château des Sept-Tours conduit à celle des eaux douces d'Europe, jolie vallée où les femmes se donnent rendez-vous en attendant que l'été les entraîne sur la rive d'Asie. Elles s'y réunissent le vendredi, auprès de la petite rivière de Barbysès, formant des groupes gracieux sous de grands platanes ; puis, le soir venu, lorsqu'elles ont suffisamment devisé et fumé au son d'une musique un peu criarde, les indolentes beautés reprennent le chemin du harem sous la garde des esclaves. Les unes s'entassent dans des talikas, sorte de voitures rondes et ornées de guirlandes de fleurs, peintes comme des bonbonnières, ou dans des arabas, charrettes dorées, traînées par des bœufs blancs que décorent des bouffettes de rubans ; les autres reviennent non-chalamment étendues sur des coussins, dans des caïques, berceaux fragiles, gracieux de forme et tenus en équilibre sur les vagues où le moindre mouvement les expose à verser.

La forêt de Belgrade est le complément obligé d'un séjour à Constantinople. Cette course initie à l'aspect intérieur de la Turquie, aspect triste, sol aride quoiqu'il soit susceptible de fertilité. Les tribus errantes des Bulgares en défrichent, seules, quelques parcelles. Les routes, presque impraticables, escaladent des montagnes nues et monotones. Mais la forêt est charmante, surtout à cette époque de l'année, où la jeune verdure du printemps encadre coquettement de jolis villages, de grands étangs et les immenses aqueducs de Justinien. Ce sont de frais tableaux, dignes de ceux de la Suisse, et que l'on aime à regarder à deux.

30 avril. — Le *Meinam* lève l'ancre, le Bosphore nous apparaît une dernière fois, illuminé par les reflets argentés de la lune. Notre attention se porte sur les compagnons que les hasards du voyage nous associent. Ce ne sont plus les

franciscains, ni les filles de Sion du *Jourdain,* ni les harems
de l'*Adria.* Ici, un pauvre fou, presque nu sur le pont,
s'absorbe dans un triste monologue : un même coup du
sort lui a enlevé sa femme, sa fille et sa fortune, puis sa
raison les a suivies. Là, un amateur joue de la flûte pour
amuser ses perruches et ses singes ; plus loin, un jeune
pacha fort malade va demander à Vienne espoir et guérison ;
partout des groupes de gens affairés ou de touristes ne
songeant qu'à leurs plaisirs. On me montre parmi ces derniers un jeune anglais, lord H***, de haut lignage, d'immense fortune, roux et laid par superflu. Il revient de
visiter l'Orient avec la femme d'un brasseur qu'il a enlevée ;
mais à leur air parfaitement ennuyé on pourrait pressentir
qu'ils seront fatigués l'un de l'autre avant que leur procès
qui s'instruit ne soit jugé.

2 Mai. — Voici les côtes élevées, mais nues et stériles,
de la Grèce ; voici le Pirée, ce célèbre port d'Athènes, qui
s'appelle aujourd'hui Porto-Leone. La plaine d'Athènes ne
mérite ni les éloges exagérés ni les critiques amères qu'on
en fait. Elle est verte, assez bien cultivée, semée çà et là
de bouquets d'oliviers et sillonnée de belles routes. La ville
est neuve encore et partant sans caractère ; mais elle est bien
placée, au pied de montagnes hardiment découpées, puis
elle a son Acropole ! La glorieuse ruine se dresse au milieu
de la plaine, sur un roc élevé dont une vaste enceinte couronne le sommet. Là se voient avec une admiration que les
siècles n'ont pu refroidir les riches colonnades du Parthenon,
les Propylées et leurs escaliers de marbre blanc, l'Erechtéon
et ses statues, tous ces imposants débris, ces sculptures, ces
statues mutilées et belles encore, chefs-d'œuvres qui seront
à jamais le triomphe de l'art et son modèle inimitable.
Puis encore quel fond de tableau ! L'Hélicon, l'Hymette,
Marathon, les Thermopyles et tant d'autres lieux célèbres,
dont les heures trop rigoureusement comptées nous laissent
à peine le temps de demander le nom. Au pied de l'Acro-

pole, sous sa protection en quelque sorte, se trouvent les
ruines des arènes et des théâtres, la prison de Socrate, la
tribune de Démosthène, le temple de Thésée, vraie miniature de la Grèce ancienne, et enfin la ville moderne avec
son palais et ses jardins déserts, puisque le roi Othon s'est
enfui et que personne ne veut de ce pauvre trône.

A Athènes, Charles nous quitte, des affaires urgentes
l'obligent à se séparer de sa femme; mais, comme fiche
de consolation, il emporte mon singe, gracieux animal aux
folles gambades, aux grimaces réjouissantes. J'aime à croire
cependant que la compensation ne lui paraîtra point suffisante, quoiqu'il y ait plus d'un ménage où, si l'un des con-
joints pouvait troquer l'autre contre un singe, il y aurait,
quant à la beauté, peu de différence, et pour le reste bénéfice
incontestable. Ce départ est le prélude de la dispersion de
notre caravane, le premier coup qui sonne de la dernière
heure de notre réunion, et cela serre le cœur de voir les
jours heureux s'envoler si vite.

3 *Mai*. — Nous avons quitté le *Meinam*, nous attendons
le *Pluton*, et la journée se passe devant Syra, si pittoresquement échelonnée sur une montagne aiguë comme un
pain de sucre, et dont l'église Saint-Georges couronne la
cime.

4 *Mai* — Le *Loyd*, qui nous porte, double le cap Mata-
pan et longe les côtes escarpées de la Morée, laissant
Navarin derrière lui. Nous saluons, en passant, le rocher
stérile et nu que l'on nomme encore Cythère. Hélas ! hélas !
en notre siècle où toute poésie s'efface, qu'est devenue cette
pauvre île tant chantée? L'amour aurait peine à y reconnaître son berceau, ou bien il le trouverait fort maussade.
Peut-être est-ce un enseignement? En tous cas, le dieu
chassé de Cythère devrait être tenté de se réfugier à Corfou,
où nous touchons le lendemain. C'est un vrai nid de verdure, de fleurs, de parfums, un bouquet d'orangers
fleuris, entouré de haies de rosiers, un délicieux Eden en

miniature. Lord H*** s'y arrête, l'heureux mortel. Mais qu'il est laid ! quelle méprise du petit dieu au front bandé !

8 Mai. — Les côtes de la Dalmatie sont riantes et belles. Nous ne nous y arrêtons pas, notre course se précipite. Voici déjà Trieste, c'est-à-dire l'Europe civilisée que nous avions désapprise. Une ville neuve, populeuse, bruyante ; de hautes maisons blanches soigneusement alignées sur de larges rues bien pavées ; des cafés, des théâtres, des boutiques dont l'adroit étalage symétrique remplace mal le pittoresque pêle-mêle des bazars orientaux, telle est Trieste. Au demeurant, une belle ville dans toute l'extension du mot. Nous la fuyons cependant pour gravir la montagne boisée du Jaeger, en quête d'un rendez-vous de chasse, et pour suivre le rivage jusqu'au château de Miramar, construit par l'archiduc Maximilien dans un style semi-gothique, semi-mauresque.

9 Mai. — Une nuit sombre nous a frustrés de la vue d'une route en corniche du haut de laquelle le chemin de fer domine la mer, et l'aube nous surprend à Venise. Cette ville, dans sa beauté grave et triste, porte au front l'auréole des glorieux souvenirs avec le deuil de ses enfants dispersés et de sa liberté perdue. Pas de bruit, pas de retentissement ; tout est calme et sévère. De noires gondoles, sveltes et gracieuses sous leur teinte sombre, glissent silencieusement sur les lagunes ; de grands palais de marbre noircis par le temps y baignent leurs murailles armoriées et sculptées ; le mystère, avec son attrait, semble se tenir au seuil de ces portes discrètes s'ouvrant sur les canaux ; et tout, dans cette grandeur déchue, se revêt d'une solennité recueillie.

Faut-il réveiller ses souvenirs et son admiration par une froide nomenclature des beautés de Venise ? N'est-ce pas les amoindrir plutôt ? Comment décrire la Piazza, la Piazzetta et sa fameuse colonne, piédestal emblématique ; Saint-Marc avec ses coupoles légères, ses voûtes en mosaïque, sa chaire de marbre et ses colonnes sculptées, dont quelques-unes ont été enlevées à Sainte-Sophie; Saint-Marc, vrai bijou que l'on voudrait mettre dans un écrin? Faut-il parler du palais des doges, dentelle de pierre brodée dans le style mauresque? Marbres, sculptures, dorures, peintures du Titien et de Paul Véronèse, tout est prodigué dans ses escaliers, ses galeries, ses salles immenses sous lesquelles sont ensevelis cependant de sombres et humides cachots, muets témoins de bien des drames lugubres. Là aussi se voit le pont des Soupirs, dont le nom dit assez de quelles scènes tragiques il a été le théâtre. Viennent ensuite, pour se graver dans la mémoire, le Rialto si pittoresque, la Loggia au pied de la tour de Saint-Marc, le portail de l'Arsenal défendu par deux lions venus du Pirée, le Lido trop vanté peut-être, l'île des Arméniens, celle des Fous, les verreries, etc.

Comment encore passer sous silence la Ca-d'Oro aux balcons gothiques, le palais Pezzano au duc de Bevilaqua, le palais Vendramini dont la duchesse de Berry complète les galeries, le palais Cavalli fier d'abriter l'exil d'un roi, et tant d'autres palais servant encore d'asile, pour la plupart, à la pauvreté des fils de leurs anciens maîtres, tandis que leurs meubles, leurs décorations, leurs bijoux s'entassent dans des magasins d'antiquités dont la vue est pour les visiteurs pleine d'attrait et de tentations. Encore faudrait-il nommer au moins toutes ces églises d'une richesse si prodigieuse en sculptures sur bois et sur marbre, et en tableaux de grands maîtres : la Salute aux dômes élégants, Saint-Georges, Saint-Roch, Saint-Louis des Jésuites, les Frati, et Saint-Jean et Saint-Paul, panthéon de Venise, où dix-neuf doges et plusieurs généraux se sont donnés rendez-vous; leurs cendres y reposent sous des monuments dont la somptuosité semble vouloir défier l'orgueil humain jusque dans son néant. Parmi ces tombes, celle de Canova me plaît par son style simple et sévère comme par l'expression suave et triste du génie endormi sur sa torche éteinte. A Venise, tout est beau, tout plaît, tout fait rêver; mais cinq jours seulement pour voir tant de merveilles!

12 Mai. — Notre bande s'est divisée de nouveau, et la vapeur nous emporte à travers les belles plaines du nord de l'Italie, où le printemps n'est pas encore devenu un mythe, une illusion. D'un vol rapide nous franchissons des prairies ombragées de mûriers aux branches desquels se balancent des vignes en festons. De charmantes villas et de jolies villes se détachent sur les montagnes boisées du Tyrol italien, dont les cimes sont encore blanchies par la neige. Nous voyons tour à tour Padoue, Vicence et Vérone si bien posée sur l'Adige; puis le paysage change, c'est le lac de Garde qui se montre avec la ville et les fortifications de Peschiera, et peu après Desenzano, Brescia, Bergamo.

13 Mai. — A Milan enfin on se repose, on respire. C'est une grande et belle ville, trop belle peut-être à un certain point de vue. Sans s'arrêter à ses arènes, à son arc de triomphe, à ses théâtres, on ne veut voir qu'une chose, le Dôme, et l'on reste ébloui devant cette féerie de marbre blanc. A l'extérieur, ce n'est que clochetons, frises, sculptures, dentelles de pierre et statues : de celles-ci on ne compte pas moins de sept mille, dont plusieurs sont de Canova. Chaque détail est soigné comme s'il formait un tout à lui seul. L'intérieur répond au dehors. Le corps de saint Charles Borromée, déposé dans une châsse de cristal de roche enrichie de pierreries, est vénéré dans une chapelle souterraine qu'on croirait taillée dans un énorme bloc d'argent.

15 Mai. — Arona est une jolie petite ville placée sous la protection de la statue de saint Charles, dont la main étendue bénit encore le pays qui l'a vu naître; elle est bâtie au bord du lac Majeur, dans un frais et riant paysage. Gâtée par tant de merveilles que je viens d'admirer, suis-je devenue trop difficile? Est-ce moi qui, dans mon épuisement, suis infidèle aux beautés de la nature, ou celle qui s'offre ici à mes regards pour la première fois est-elle réellement inférieure, je ne dirai pas à l'Orient (il ne faut point comparer des objets trop dissemblables), mais par exemple à la Suisse dont elle me retrace le souvenir ? Je ne sais, mais il me semble que le lac Majeur ne m'inspire pas le même enthousiasme que le lac des Quatre-Cantons. Pourtant, en s'éloignant d'Arona, le paysage acquiert plus de beauté ; les montagnes, de vertes et agréables qu'elles étaient, deviennent accidentées et d'un aspect grandiose ; quelques sommets sont encore zébrés de neige ; de blanches villas s'épanouissent sur les coteaux boisés ; le lac dort tranquille à leurs pieds, et du sein de ses flots bleus et transparents surgissent bientôt les îles Borromées au nombre de trois. L'une est l'asile des pêcheurs et en porte le nom ; la seconde, l'isola Madre, est ravissante de parfums et de fleurs ; elle me plaît, tandis que son autre sœur, l'isola Bella, étonne plus qu'elle ne charme par les splendeurs de son palais et la difficulté vaincue de ses galeries et de ses terrasses construites sur pilotis. On peut admirer la beauté orgueilleuse, mais il faut la grâce pour la faire aimer.

16 Mai. — De Baveno à Domo d'Osala la route côtoie le lac pour serpenter ensuite dans une plaine étroite, fraîche comme une idylle et rendue plus jolie par le contraste des hautes montagnes dont les blanches cîmes se perdent dans les nues. Bientôt la vallée se transforme en une gorge sauvage, coupée de ravins et de précipices ; des torrents y roulent en écumant, des ponts hardis les franchissent, et çà et là gisent épars des roches et des sapins brisés, entraînés par les dernières avalanches. C'est bien là ce chaos superbe dont l'homme trouve en lui quelque image.

Le plateau du Simplon est d'une tristesse morne et sans compensation. Là pourtant se voit un couvent où des religieux mènent une vie aussi pleine de mérite que déshéritée de jouissances. Le ciel est froid, gris, brumeux. La descente, creusée souvent sous des voûtes de neige, est effrayante de rapidité. Mais dans la vallée, à Brieg, on retrouve les chalets, les prairies, les bois de mélèzes, et de plus un ancien couvent de Jésuites, dont les dômes affectent des formes de minarets. C'est un souvenir d'Orient. Mais, hélas ! quelle différence !

17 Mai. — Après Brieg, la route est jolie, dit-on ; c'est une opinion qu'il nous faut accepter sous bénéfice d'inventaire, car nous partons le soir et la nuit est sombre. A Sion nous retrouvons le chemin de fer. Voilà Saint-Maurice, Lausanne, Neuchâtel, puis la frontière. C'est la France ! On la salue joyeusement toujours, et néanmoins c'est d'un œil triste que je mesure ces huit mois si vite écoulés, que je me reporte vers ce beau passé, l'Égypte surtout, avec son ciel bleu, son soleil se couchant dans des flots d'azur et ses nuits scintillantes. Le souvenir est une jouissance encore mais un bonheur triste ; c'est l'espérance dans le passé.

(Extrait de la *Revue de l'Est.* — Année 1866.)

TABLE ALPHABÉTIQUE

DES LIEUX MENTIONNÉS DANS LES ESQUISSES DE VOYAGES